Als Robert Gernhardt 1987 den Gedichtband ›Körper in Cafés‹ veröffentlichte, behandelte er auf 160 Seiten zehn Themen, die von »Körper« über »Heimat« bis zu »Schicksal«, »Sinn« und »Leere« reichten: Der bisherige Nonsens-Dichter war unübersehbar dabei, sich dem »Megasens« zuzuwenden. Das setzte sich 1994 fort, als der Gedichtband ›Weiche Ziele‹ erschien, 208 Seiten stark und in sieben Kapitel unterteilt.

›Lichte Gedichte‹, 1997 erschienen, widmet sich in neun Abteilungen den ewigen Themen aller Dichtung ebenso wie sehr zeitgenössischen, ja privaten Sujets. Von der Liebe (»lieblich«), der Person (»persönlich«), der Natur (»natürlich«) und der Kunst (»künstlich«) ist anfangs die Rede, mit Tod (»endlich«) und Erkrankung (»herzlich«) schließt die Sammlung, wobei ›Herz in Not‹, das »Tagebuch eines Eingriffs in einhundert Eintragungen«, wider Erwarten für ein gutes Ende sorgt.

Der für Gernhardt typische Spagat zwischen ungenierter Komik und dezidierter Ernsthaftigkeit hat in seinen begeistert aufgenommenen Gedichten eine neue Qualität erreicht: Der dunkle Grund der Erdenschwere verwandelt sich vor unser aller Augen in Helligkeit und Schnelligkeit.

Robert Gernhardt, 1937 geboren in Reval / Estland, studierte Malerei und Germanistik in Stuttgart und Berlin. Er lebt als freier Schriftsteller, Maler, Zeichner und Karikaturist in Frankfurt am Main. Als Fischer Taschenbuch sind von Gernhardt außerdem erschienen: die Gedichtbände ›Wörtersee‹, ›Besternte Ernte‹ (mit F. W. Bernstein), ›Körper in Cafés‹, ›Weiche Ziele‹ und ›Lichte Gedichte‹, das Lese- und Bilderbuch ›Über alles‹, ›Die Wahrheit über Arnold Hau‹ (mit F. W. Bernstein und F. K. Waechter), ›Die Blusen des Böhmen‹, ›Glück Glanz Ruhm‹, ›Es gibt kein richtiges Leben im valschen‹, ›Hört, hört! Das WimS-Vorlesebuch‹, ›Wege zum Ruhm‹, ›In Zungen reden‹, ›Der letzte Zeichner‹, ›Die Falle‹ und ›Erna, der Baum nadelt‹. Für sein Werk wurde Robert Gernhardt mit mehreren Preisen ausgezeichnet, u. a. mit dem Preis der Literatour Nord, dem Bertolt-Brecht-Preis und dem Erich Kästner Preis. Zuletzt veröffentlichte Robert Gernhardt die Gedichtbände ›Berliner Zehner‹ und ›Im Glück und anderswo‹.

Unsere Adresse im Internet: www.fischer-tb.de

Robert Gernhardt
LICHTE GEDICHTE

Fischer Taschenbuch Verlag

5. Auflage: Januar 2003

Veröffentlicht im Fischer Taschenbuch Verlag,
ein Unternehmen der S. Fischer Verlag GmbH,
Frankfurt am Main, August 1999

© Robert Gernhardt 2002
Alle Rechte S. Fischer Verlag GmbH, Frankfurt am Main
Druck und Bindung: Clausen & Bosse, Leck
Printed in Germany
ISBN 3-596-14108-7

Inhalt

I	lieblich	7
II	persönlich	31
III	natürlich	61
IV	künstlich	85
V	läßlich	117
VI	beweglich	131
VII	alltäglich	149
VIII	endlich	185
IX	herzlich	207

I lieblich

SCHNEIDEN UND SCHEIDEN

Ein guter Abend, um Pflaumen zu schneiden,
vorausgesetzt, es stimmt mit euch beiden.
Man kann beim Entkernen Gefühle erleben,
die schlichtweg erheben.

Zum Beispiel das, nicht allein zu sein.
Dann das Gefühl, zu zwein zu sein.
Sowie die Gewißheit: Was immer ihr tut –
es wird gut.

Ich rede jetzt nicht von der Marmelade.
Wenn die danebengeht, ist es kein Schade.
Auch meine ich keineswegs euer Verschränken.
Daß das in Ordnung geht, will ich gern denken.

Nein:

Ich stell mir nur vor, wie ihr Pflaumen schneidet,
wie ihr sorgsam die Kerne vom Fruchtfleisch scheidet
und wie sich zwei Schalen nach und nach füllen
mit Kernen und Hüllen.

Solch Scheiden, paarweis und stetig betrieben,
steigert das Leben und fördert das Lieben,
hindert das Meiden und mindert das Leiden,
vorausgesetzt, es stimmt mit euch beiden.

WÄRME, STILLE, KÜHLE

Der heiße Tag. Das Summen wilder Bienen
geht in dem Wein so emsig ein und aus,
als wolle jede mit dem Hinweis dienen:
Wer jetzt ein Haus hat, gehe in dies Haus.

Der stille Raum. Durchs Gitter der Lamellen
fällt gleißend parallelgeführtes Licht
aufs blaue Laken, wo der Liebe Wellen-
und Schattenspiel sich in den Spiegeln bricht.

Der nackte Leib. Des Windes leichtes Fächeln
bestreicht ein Fleisch, das sich erschauernd streckt
von Fuß bis Kopf, wo ein verschlafnes Lächeln
Erinnerung an wilde Bienen weckt.

ITALIEN – MEXIKO, FUSSBALL-WM, 28.6.94

Wäre ich schwul,
ich verliebte mich
in den mexikanischen Torwart.

»Dann sei doch mal schwul,
verlieb dich doch
in den mexikanischen Torwart!«

Schweig stille, mein Herz,
was faselst du da
vom mexikanischen Torwart?

Wie säh' das denn aus:
Ich und verliebt
in den mexikanischen Torwart?!

Verzeih, liebe Frau,
ich lebe ab jetzt
mit diesem mexikanischen Torwart.

Hallöchen, Jungs,
begrüßt meinen Freund,
einen mexikanischen Torwart!

Ist hier noch was frei
für mich und den Herrn,
jenen mexikanischen Torwart?

Grüß Gott, Herr Kaplan,
wir wär'n gern ein Paar,
ich und dieser mexikanische Torwart...

Herz, du spielst falsch!
Du denkst nicht an mich
und schon gar nicht an den mexikanischen Torwart!

Denn tätest du das,
bedächtest du auch,
was derweil aus dem mexikanischen Tor wird!

Darum werd ich nicht schwul.
Ich verlieb mich auch nicht
in den mexikanischen Torwart.

Ich bleib treu und normal,
und du, mein Herz,
gehörst einer deutschen Hausfrau!

FÜNF SCHLICHTE GEDICHTE
ZU EINEM KOMPLEXEN THEMA

1

Über Liebe kann man nicht schreiben.
Man liebt oder läßt es bleiben.

In Worte läßt sich Liebe nicht fassen.
Man kann sie nur leben oder lassen.

Liebe entzieht sich dem Sagen.
Man hat nur die Wahl: Kopf oder Kragen.

2

Ich hab mir doch immer am besten gefallen.
Ich war mir doch immer der liebste von allen.
Aber nun?
Ich war mir doch immer besonders nah,
und auf einmal ist diese andere da.
Was tun?

3

Noch einmal eine Junge gefunden?
Dann sag der auch unumwunden:
Du liebst einen nicht mehr ganz jungen Mann,
also ran!

Also ran an den Mann,
nimm ihn richtig, nur dann
kann der Knabe von Grund auf gesunden:
Noch einmal eine Dumme gefunden.

4

»Wie hast du gelebt?«
»Ich habe geliebt.«
»Wie hast du geliebt?«
»Alla grande.
Groß war mein Einsatz,
größer mein Spiel –«
»Und am größten deine Schande.«
»Das ist auch wieder wahr.«

5

Worüber schreibst du denn da?
Ach, übers Lieben.

Worüber weinst du denn da?
Ach, übers Leben.

Worüber gehst du denn da?
Ich? Über Leichen.

EIGENTLICH NICHT

Das nennt man nicht eigentlich suchen,
wenn man schon weiß, wo was ist.
Das nennt man nicht eigentlich finden,
wenn man es gar nicht vermißt.
Das nennt man nicht eigentlich lieben,
wenn man den Liebling erpreßt.
Das nennt man nicht eigentlich halten,
wenn man ihn fallenläßt.

LIED DES MÄDCHENS

Männer, das ist was,
was neben mir sitzt
eine Zeit
und mich mit werbender
Stimme anmacht:
»Kleine Maid.«

Männer, das ist was,
was neben mir liegt
eine Zeit
und nicht davon abläßt
zu betteln:
»Beine breit.«

Männer, das ist was,
was neben mir geht
eine Zeit
und sich sodann klamm
in die Büsche schlägt:
»Keine Zeit.«

LIED DES MÄDCHENS
IN DER KURZFASSUNG FÜR
DEN EILIGEN GEDICHTLESER

»Kleine Maid
Beine breit
Keine Zeit.«

JÜNGLING IM PARK

Ihm wird der Park zum Paradies
im Dämmer.
Weiße Tiere schreiten hindurch
im Paßgang.

Daß diese Stunde nie ende, so in
der Schwebe.
Erst zwischen Tag und Traum löst sich
die Zunge:

Euch weichen Fraun entsag ich
auf immer.
Zu den Mädchen im Sandkasten will ich
mich hocken.

Über uns steigen lautlos hinweg
die Tiere.
Unter uns lassen wir Alter, Geschlecht
und Verlangen.

Da bricht er ab, als hielte ihm jemand
den Mund zu.
Hinter ihm schlagen zusammen die Zweige
der Büsche.

STADTSOMMER (9.8.95)

Die trug sehr schwer an ihren Brüsten
Als sei das Wunder dieses Tages
Darin gesammelt und sie trag' es
Gleich einem Schiff, das von den Küsten
Des Reichtums heimkehrt, und es müßten
Nun alle, die bisher nur Vages
Von ihnen hörten, denken: Mag es
uns wirklich frommen, wenn wir wirklich wüßten?

JA DAMALS

Mal wieder in München,
mal wieder die Hitze,
es klebt am Papier
die schreibende Hand
und ist doch dieselbe,
die damals in München
so fingerfertig
in etwas verschwand,
das war so verlockend,
das war so erregend,
gefügig, geschmeidig,
zum Fingern bewegend,
man konnte sich darin
so gänzlich verlieren,
mit einem Wort:
Es war nicht: papieren.

HERZ UND HIRN

Ist das Herz auf dem Sprung, ist das Hirn auf der Hut
Springt das Herz in die Luft, greift das Hirn nach dem
Schirm
Schwebt das Herz himmelwärts, spannt das Hirn seinen
Schirm
Stürzt das Herz auf den Schirm, ist das Hirn obenauf:
Siehste, mein Lieber. Immer schön auf dem Teppich bleiben!

UNPASSENDE ERINNERUNG
WÄHREND EINES KLASSENTREFFENS

Mich an deiner Klugheit zu berauschen
Log ich, stahl ich manche Stunde
Nur um dir und deinem Wort zu lauschen

Hing ich tiefgebannt an deinem Munde
Mochten andre mit ihm Küsse tauschen
Mich zog es zu ihm aus anderm Grunde

Einst im Mai. Den Casus aufzubauschen
Wäre freilich unklug in der Runde
Ältrer Herrn, die von Verflossnen plauschen.

GOTTESURTEIL

Euch Frauen all, die ich begehrt,
euch hat der Zahn der Zeit versehrt.

Euch Frauen all, die ich gebraucht,
euch hat des Lebens Fuß verstaucht.

Euch Frauen all, die ich umschwärmt,
euch hat des Schicksals Faust verhärmt.

Euch Frauen all, die ich versucht,
euch hat der Gottheit Mund verflucht:

Ihr Frauen all habt IHN verschmäht!
Tut Buße, ehe es zu spät!

BEI VAMPIRS

Ich biete dir die Kehle dar.
Nimmst du nicht meine Kehle wahr,
so beiß ich in die deine.

Und saug an ihr, bis du verstehst,
daß du an mir zugrunde gehst,
beißt du nicht rasch in meine.

GESTRAFTE MÄNNER

Gott straft die Männer, die schweratmend
in fremden Betten liegen und zur
Decke emporseufzen: Ich wußte gar nicht,
daß es das gibt.

Gott straft sie dadurch, daß er rächend
ins eigne Bett sie heimschickt, um dort
der Ehfrau vorzuseufzen: Zur Zeit ist
die Firma die Hölle.

Gott straft die Männer. Läßt sie ächzend
das Nachtlicht löschen, um ins Dunkel
zu seufzen: O Gott, wenn sie wüßte, wie schwer
es mir fällt, sie anzulügen.

Gott straft die Männer. Doch der andre
läßt sie schon anderntags in den Hörer
seufzen: Wir sehn uns, Liebling! und denken:
Bin ich des Teufels?

GESPRÄCH MIT DEM WOLF

Wo kommst du her?
Ich? Aus dem hohen Norden.
Wo gehst du hin?
Ich? In die tiefe Nacht.
Wen stellst du dar?
Ich? Bin ein Wolf geworden.
Wem stellst du nach?
Ich? Alles taugt zum Morden.
Wen frißt du auf?
Dich! Was hast du gedacht?

EINER ÜBERDENKT EINIGES

Und er dachte an die Fraun in seinem Leben
Und befand: Sehr viele waren's nicht
Und er fragte, was sie ihm gegeben
Und erinnerte sich dunkel: Licht

Und er dachte, ob sie seiner dächten
Und befand: Wahrscheinlich ist das kaum
Und er fragte, was Gedanken brächten
Und erinnerte sich hellwach: Traum

Und er dachte, was sie ihm genommen
Und befand: Die Glut aus meiner Brust
Und er fragte, was er selbst bekommen
Und erinnerte sich seufzend: Lust

Und er dachte an die Folgen all der Lieben
Und befand: Sie gingen reichlich weit
Und er fragte, was davon geblieben
Und erinnerte sich lächelnd: Leid.

IDIOTISCHE FRAGEN

Wie oft schon hast du so geschaut
und dem, den du ansahst, jeden Fluchtweg verbaut,
du Schöne?

Wie oft schon hast du so gelacht
und den, dem dein Lachen galt, wehrlos gemacht,
du Starke?

Wie oft schon hast du so getan,
als gingen dich deine Opfer nicht das geringste an,
du Schlimme?

Wie oft schon habe ich mir geschworn:
Die siehst du nie wieder, sonst bist du verlorn,
du Armer?

Wie oft noch werde ich mich beschwörn:
Wann wirst du denn endlich auf meine Warnung hörn,
du Idiot?

HINTER DER TÜR

Du öffnest die Tür,
da siehst du das Mädchen,
halbnackt im Karton
schließt sie geblendet
die Augen, das obere und das untere.

Da wirfst du die Tür zu,
gehst aber nicht weiter.
Du verharrst an der Stelle,
denn die willst du noch mal sehn,
die Augen, das obere und das untere.

Doch dann siegt die Rücksicht
auf die da hinter der Tür,
halbnackt im Karton und
mit weitaufgerissenen
Augen, dem oberen und dem unteren.

DIE GEBURT

Als aber in der finsteren Nacht
die junge Frau das Kind zur Welt gebracht,
da haben das nur zwei Tiere gesehn,
die taten grad um die Krippen stehn.

Es waren ein Ochs und ein Eselein,
die dauerte das Kindlein so klein,
das da lag ganz ohne Schutz und Haar
zwischen dem frierenden Elternpaar.

Da sprach der Ochs: »Ich geb dir mein Horn.
So bist du wenigstens sicher vorn.«
Da sprach der Esel: »Nimm meinen Schwanz,
auf daß du dich hinten wehren kannst.«

Da dankte die junge Frau, und das Kind
empfing Hörner vorn und ein Schwänzlein hint.
Und ein Hund hat es in den Schlaf gebellt.
So kam der Teufel auf die Welt.

II persönlich

GEHEN UND SCHREIBEN UND FERNSEHEN

Zur gleichen Zeit, da ich von meinem Hügel,
die Beine lustig werfend, talwärts wandre,
an dem Gehöft vorbei, das an den Weg grenzt,
liegt dort der Bauer und hat grad Probleme,
vom Bauch sich auf den Rücken zu verlagern:
Seit jenem Sommerabend, als sein Traktor
ihn unter sich begrub, läuft wenig.

Zur gleichen Zeit, da ich den schlichten Vorgang,
die Feder eilig führend, niederschreibe
und ein Gefühl verspüre, das an Scham grenzt,
geht's vielen ähnlich. Mancher hat Probleme,
den Bauch mit seinem Herzen zu versöhnen:
Doch dank der Schreckensbilder, deren Fülle
das Mitleid täglich lähmt, läuft nichts mehr.

ANKUNFT IN MONTAIO (23.8.1995)

Und wieder mal an jenem Tisch,
an dem ich schrieb »Und wieder mal
an jenem Punkt, an dem man sa-
gen muß: Es reicht«, doch dieses Mal
will ich nicht hadern, kann nicht klagen,
muß lediglich: So sei es! sagen.

EINER LIEST EINEN BRIEFWECHSEL

Ach, so geht das Nacht für Nacht:
Eine schläft, einer wacht.

Einer liest, wie Jahr um Jahr
Schiller schlaf- und kraftlos war,

Indes Goethe, ungequält,
frisch von Hinz und Kunst erzählt.

Einer legt den dicken Band
schließlich seufzend aus der Hand

Und erhofft vom Rest der Nacht:
Alles schläft, keiner wacht.

DIE SCHWACHHEIT DER WACHHEIT

Ausgesetzt im Meer der Wachheit
winke ich den Schlafgaleeren,
doch die ziehn vorbei und scheren
sich nicht darum, daß da »Ach« schreit
irgendwer im Meer der Wachheit.

Festgetäut ans Floß der Helle
harre ich der Dunkelinseln,
doch kein Fluchen und kein Winseln
bringt mich Wachen von der Stelle,
festgetäut ans Floß der Helle.

Angespült am Fels der Frühe
träume ich vom Strand der Ruhe,
jäh gestört durch schwere Schuhe –
Vater Fleiß und Mutter Mühe
nähern sich dem Fels der Frühe:

Steig auf, Sonne, strahle, glühe!

WAS DER TAG BRINGT

Dieses Kreischen um fünf,
dieses furchtbare Kreischen!
– Das sind die Amseln.
  Die bringen dir doch nur ein Ständchen.
Dieses Tuckern um sechs,
dieses gräßliche Tuckern!
– Das ist das Moped des Zeitungsboten.
  Der bringt dir doch nur deine Zeitung.
Dieses Poltern um sieben,
dieses wahnwitzige Poltern!
– Das ist der Wagen der Stadtreinigung.
  Der bringt doch nur deinen Müll weg.
Dieses Brummen um acht,
dieses schreckliche Brummen!
– Das sind die Flugzeuge.
  Die bringen dir doch nur deine Kaptrauben.
Und das Stöhnen fortwährend.
Dieses nichtabreißende Stöhnen!
– Das warst du.
  Sowas bringst doch nur du, du Weichei.

UNPERSON
Ein einsilbiges Couplet

Man kennt mich in Graz
Und man liest mich in Linz
In Steyr bin ich Star
Und in Melk bin ich Prinz
Man hebt mich in Wels auf den Dichterthron –
Nur in Wien bin ich eine Unperson.

Man ehrt mich in Chur
Und man liebt mich in Biel
Genf zahlt mich gut
Und Buchs zahlt mir viel
Man lockt mich nach Bern mit klingendem Lohn –
Nur in Wien bin ich eine Unperson.

Man nervt mich in Greiz
Und man höhnt mich in Mölln
Man schmäht mich in Trier
Und man haßt mich in Köln
Man quält mich in Hamm mit beißendem Hohn –
Nur in Wien
Nur in Wien
Nur in Wien bin ich eine Unperson.

DIÄT-LIED *(MIT OHRFEIGENBEGLEITUNG)*

Ich freu mich auf mein Frühstück
Da schneide ich zwei Hörnchen auf
(Klatsch Klatsch)
Da schneid ich etwas Graubrot auf
und schmiere mir dick Butter drauf
und Leberwurst und
(Klatsch Klatsch)
Und schmier dünn Margarine drauf
und etwas Kräuterpaste
und reichlich Gorgonzola
(Klatsch Klatsch)
Und keinen Gorgonzola
Sodann greif ich zum Pfirsich
Den schneide ich in Stücke
und haue massig Sahne drauf
(Klatsch Klatsch)
Und mache einen Joghurt auf
und tu ihn auf den Pfirsich
und reichlich Gorgonzola
(Klatsch Klatsch)
Und keinen Gorgonzola
und zwanzig Löffel Müsli
(Klatsch Klatsch)
Und einen Löffel Müsli
Dann freu ich mich auf Mittag
Da brat ich einen Tofu auf
und tue reichlich
(Klatsch Klatsch)
Sprossen drauf
und jede Menge
(Klatsch Klatsch)
Kleie

Das eß ich, weil es sein muß
und freue mich aufs Abendbrot
Da gibt's ein Riesenschnitzel
(Klatsch Klatsch)
Da gibt's ein kleines Schnitzel
(Klatsch Klatsch)
Da gibt es gar kein Schnitzel
Da mach ich einen Bratling warm
und tu dick Majonäse drauf
(Klatsch Klatsch)
Und drei, vier Spiegeleier
(Klatsch Klatsch)
Und reichlich Gorgonzola
(Klatsch Klatsch)
Und schütt es in den Lokus
Dann drücke ich die Spülung
und freu mich auf den Nachtisch
da trinke ich vom feinsten
(Klatsch Klatsch)
Und stillsten Wasser, das es gibt
sodann wird ein Versuch geübt:
Wieviel vom schweren roten Wein
geht in den Durchschnittsmann hinein?
(Klatsch Klatsch)
Wenn der dabei im Schmalztopf wühlt
(Klatsch Klatsch)
Sich grad wie Gott in Frankreich fühlt
(Klatsch Klatsch)
Fünf Eisbein mit zehn Bierchen kühlt
(Klatsch Klatsch)
Und die mit Schnäpsen runterspült
(Klatsch Klatsch)
und reichlich
(Klatsch Klatsch)
Gorgonzola

Das will ich ausprobieren
und sollt ich dran krepieren
dann hab ich meine letzte Nacht
zumindest lustvoll
(Klatsch Klatsch)
Zumindest heiter
(Klatsch Klatsch)
Zumindest spannend
(Klatsch Klatsch)
Zumindest nahrhaft
zugebracht.

MEIN FEIND
Für XY

Auch ich hab einen Feind – nein, du bist nicht gemeint.
Bist schlicht zu unwichtig für jemanden wie mich.
Wer mich befeinden will – sei du jetzt bitte still –,
wer mich zum Feind erwählt – nun schau nicht so gequält –,
muß wissen: Diese Ehr' erringt nicht irgendwer.
Für einen Feind bist du – du hörst jetzt bitte zu – :
Zu unklug und zu unbekannt,
zu unfreundlich, zu ungalant,
zu prolo und zu chauvi,
zu macho und zu doofi,
zu abgewrackt, zu ausgelutscht,
zu aufgeschwemmt, zu abgerutscht,
zu feist, zu schwach, zu laut, zu blöd,
zu arm, zu mies, zu mau, zu öd – :
Nein, nein, nein, mein Feind kannst du nicht sein.
Mein Feind muß klug und stolz sein, aus gradgewachsnem
Holz sein,

ist schön dabei und stark, grundehrlich bis ins Mark,
das Gegenteil von dir. Nein – Feind ist nicht dein Bier.
Du bist kein Feind, du bist – ach, hör nicht weg, es ist
bei Gott nicht bös gemeint – : Du bist – verzeih! – mein
Freund.

ALB DER WELT

Mißerfolg. Waisenkind.
Niemals sich dein Vater find't:
»Das Balg da? Habe *ich* nichts mit zu tun!«

Mißerfolg. Hurensohn.
Kommt da nicht deine Mutter schon?
»Unterstehen Sie sich! Bin immer noch eine geborene *von*
                                                    Pech!«

Mißerfolg. Findelbrut.
Kein Geschwister ist dir gut:
»Geh weg! Beim Verlierspiel gewinnst *immer* nur du!«

Mißerfolg. Alb der Welt.
Niemand hier zu dir hält:
»Wir geben nichts! Wir nehmen nichts! Wir brauchen *nichts!*«

Mißerfolg. Augenstern.
Gehst du, hat dich jeder gern:
»*Herr Mißerfolg!* Wollen Sie nicht auch mal meine Nachbarn
                              oder Kollegen beehren?«

IM SPIEGEL

Ich sah mich in Situationen,
»unwürdig« ist gar kein Wort dafür.
Daß ich mir noch in die Augen sehen kann,
verdanke ich meinem Langmut mit mir.

Das war nicht immer so:
Lange war ich dem Kleinmut nah,
wenn ich mir in einer Situation,
wie der oben geschilderten, in die Augen sah.

Bis ich einsah, daß ich
auch dann mit mir leben muß,
wenn ich mir nicht in die Augen sehn kann:
Da war mit dem Kleinmut Schluß.

Seither seh ich mir in die Augen
auch dann, wenn es erfahrungsgemäß weh tut.
Aber ab einem bestimmten Alter
bleibt keine Zeit mehr für Klein- oder Wehmut.

Lieber sing ich vom In-die-Augen-Sehn.
Mir jedenfalls tut der Gesang gut,
unterlegt vom Dreischritt – Dreiklang? –
der Reife – des Lebens? – :
Von Kleinmut, Großmut und Langmut.

ER SIEHT EINEN JUNGEN DICHTER
VORBEIGEHEN
ODER
EINE GLÄNZEND GEGLÜCKTE
GEGENDARSTELLUNG

»Da seh ich ihn durch die Panoramascheibe
bei diesem Luxus-Chinesen an der Eschersheimer,
wie er Peking-Ente in sich reinschaufelte,
das Feinste vom Feinen.

Ich war grad auf dem Weg zu meiner Freundin,
sie hatte was von Spaghetti gesagt,
aber eigentlich war mir nicht nach essen,
ich wollte schreiben.

Er ist alt geworden, dachte ich, seit ich
ihn zum ersten Mal sah bei so einer Lesung,
ich glaube im ›Römer‹, schon damals trank er
nur teure Rotweine.

Wie er so allein am Tisch saß, schlingend,
tat er mir leid. So lang nichts geschrieben
und ohne Frau – da bleiben schlußendlich
lediglich essen und hauptsächlich trinken
dem Armen.«

»Die Scheibe war groß, aber nicht Panorama.
Der Chinese war gut, aber keineswegs Luxus.
Die Ente war Kanton und wirklich nicht teuer:
DM 25,–

Ich saß dort allein, weil meine Gefährtin
sich mit der Freundin traf und weil ich
mal wieder Stäbchen zum Mund führen wollte:
Von wegen schaufeln!

Ja, ich geb zu: Ich bin nicht der Jüngste.
Ja, ich gestehe: Ich schätze den Rotwein.
Der beim Chinesen freilich war billig:
DM 5,50

So lang nichts geschrieben? Aber ich schrieb doch!
Sahst du das Heft nicht neben dem Schälchen?
Paß besser auf, und werde du erst mal
so alt wie ich, dann reden wir weiter:
Rotzlöffel!«

IRGENDWANN

Irgendwann, da hat man es:

Seine Frau und sein Gewicht
Seinen Wein und sein Gesicht
Seine Kreise und sein Bett
Seine Kneipe und sein Fett
Seine Bank und seine Stadt
Seine Meinung und sein Blatt
Seine Bücher und sein Brot
Seinen Arzt und seine not-

gedrungene Einsicht: Da hast du es!

RÜCKGABE-ANTRAG

Tief in mir den Körper des Knaben,
den möchte ich jetzt wiederhaben.

– Und noch einmal einen draufmachen können, was?
Wann waren Sie denn überhaupt das letzte Mal Knabe?
Dreißig Jahre her? Vierzig Jahre her? Fünfzig Jahre her?
In diesem Zeitraum ist doch jede Zelle Ihres Körpers
                                                    verschlissen
und erneuert worden, ist wieder gealtert und wieder
                                                    abgestorben: Wo soll
ich denn den von Ihnen gewünschten Knabenkörper
                                          hernehmen, Sie Lustgreis?

Tief in mir das Gehirn des Knaben,
das möchte ich jetzt wiederhaben.

– Und noch mal richtig Fremdsprachen lernen, wie?
Was meinen Sie denn, was Sie da hinter Ihrer Stirn tragen?
Die traurigen Überreste dessen, was Sie aus dem Gehirn des
                                                    Knaben,
der Sie waren, gemacht haben. Wissen Sie denn, wieviel
                                                    Gehirnmasse
bei einer einzigen Sauferei draufgeht? Haben Sie denn mal
                                                    nachgerechnet,
wie vielen Exzessen Ihr Knabenhirn im Laufe Ihres Lebens
                                                    ausgesetzt gewesen
ist? Wer soll Ihnen denn ersetzen, was Sie selber
                                          versaubeutelt haben, Sie Süffel?

Tief in mir die Seele des Knaben,
die möchte ich jetzt wiederhaben.

– Und die Welt noch mal mit Kinderaugen sehen, stimmt's?
Sie machen mir Spaß, Sie: Wieso wollen Sie denn etwas
                                        wiederhaben,
was Ihnen zeit Ihres Lebens niemals genommen worden ist,
                                        Sie Purzelchen?

FRÜHES GLÜCK

Die meisten Möglichkeiten,
die hellsten Horizonte –
sie alle waren mein, ja mein,
als ich nichts war und konnte.

Wer noch nichts ist, der wird was,
wird Mönch oder Verbrecher.
Wer noch nichts kann, muß auch nicht hörn,
er werde sichtlich schwächer.

O führt denn gar kein Weg zurück
ins helle, ins besonnte,
ins unvergeßne frühe Glück,
da ich nichts war und konnte?

EIN GAST

Das Alter klopft an meine Tür:
»Du bist da drin, ick spüre dir.«

Ich mach nicht auf und flüstre schwach:
»Lern du zuerst mal deutscher Sprach.«

Worauf der Gast zu gehn geruht.
– Ey, Alter! Das ging noch mal gut.

BITTE AN DURCHREISENDE VEREHRER

Bringt eure Mädchen mit,
kommt nicht alleine.
Wenn ich euch reden hör,
seh ich gern Beine.

Bringt was zu trinken mit,
ich hab's gern flüssig.
Trocken verdorrt das Wort,
feucht wird es schlüssig.

Bringt gute Laune mit,
ernst bin ich selber.
So ein Ochs freut sich halt
munterer Kälber.

Bringt was zu denken mit,
mein Kopf kann's brauchen.
Ist er auch voller Stroh,
will er doch rauchen.

ALLES WIRD ANDERS

Viel zu lang mit fremden Leben
mitgegangen mitgefangen
Viel zu viel in fremden Leiden
mitgefangen mitgehangen

Viel zu stark an fremden Wünschen
mitgelitten mitgetragen
Viel zu oft von fremden Lüsten
mitgetragen mitgeschlagen

Viel zu sehr bei fremden Taten
mitgefiebert mitgezogen
Viel zu gern bei fremden Siegen
mitgezogen mitgelogen.

NAH SCHWACH LIEB GROSS

Sind schon tröstlich: Nahe Hügel,
die den Horizont verstellen.
Geht der Blick ins Weite, Große,
meint das auch: ins Wesenlose.

Sind schon dankbar: Schwache Augen,
die nicht soviel sehen müssen.
Schauten Meere, ferne Reiche,
suchen heut: das Immergleiche.

Sind schon hilfreich: Liebe Sprüche,
die aus Scheiße Bonbon machen.
Ist der Mensch nicht mehr im Bilde,
bleibt ihm noch: die Altersmilde.

Sind schon traurig: Große Worte,
welche den Verlust bemänteln.
Jenseits aller Höhenflüge
triumphiert: die Lebenslüge.

FREIER FALL
ODER
BUNGEE-JUMPING – NEIN DANKE

Wenn's denn nach unten gehen soll,
Herr, laß mich wirklich fallen.
Laß mich in ungebremstem Flug
voll auf das Pflaster knallen.

Wer weiß, daß es nicht weitergeht,
der kann nicht tiefer sinken.
Gib mir den Rest, Herr, und laß den
in Frieden weiterhinken.

ER UND ICH

Ich habe stets von ihm gewußt,
nun hockt er schwer auf meiner Brust.
Er ist der Strick. Ich bin das Kalb.
Ich bin sein Traum. Er ist mein Alb.

HIOB IM DIAKONISSENKRANKENHAUS

Ihr habt mir tags von Gott erzählt,
nachts hat mich euer Gott gequält.

Ihr habt laut eures Gotts gedacht,
mich hat er stumm zur Sau gemacht.

Ihr habt gesagt, daß Gott mich braucht –
braucht Gott wen, den er nächtens schlaucht?

Ihr habt erklärt, daß Gott mich liebt –
liebt Gott den, dem er Saures gibt?

KLINIK-LIED

So lieg ich hier
und denke mir
mein Teil zu manchen Dingen:
Nicht alles muß gelingen.
Du mußt's nicht immer bringen.
Du mußt nicht immer siegen.
Nur laß dir eins beibiegen:
Beim Aufdernaseliegen
gib bitte nicht den Heitern –
versag nicht auch beim Scheitern.

POST-OP-ROBERT

Schaut euch mal den Robert an
Robert ist ein armer Mann
Alles tut ihm weh
Ojeh!

Robert spürt die Schmerzen glühn
Wenn sie durch den Brustkorb ziehn
tun sie ihm so weh
Ojeh!

Robert ist ein braver Mann
Er sagt: Man gewöhnt sich dran
Schmerzen tun halt weh
O yeah!

CHORAL

O Herre Christ, erbarm!
Ich bin voll Stimmen.
Von guten Stimmen voll,
doch voller noch von schlimmen.

O Gotteslamm, zur Hilf!
Ich glaub, die schlimmen
tun eben grad
die guten überstimmen!

O Gott, du Schaf, zu spät!
Nur eine Stimme
spricht fürder noch aus mir:
Die stolze.

III   natürlich

BLAU UND GRÜN

Schau ich aus dem Fenster raus
füllt mich Lust
fühl ich Freud
Seh den blauen Taunuskamm
schön wie eine Brust.

Schau ich aus dem Fenster raus
fühl ich Freud
spür ich Furcht
Seh ich den Kastanienbaum
Nimmt mir noch das Blau.

Schau ich aus dem Fenster raus
spür ich Furcht
krieg ich Angst
Sehe ich den Riesenkran
Schneidet durch den Kamm.

Schau ich aus dem Fenster raus
krieg ich Angst
packt mich Wut
Seh ich wie das Eckhaus wächst
häßlich wie ein Kropf.

Schau ich aus dem Fenster raus
packt mich Wut
fühl ich Trost
Seh zwar keinen Taunus mehr
Doch seh noch den Baum.

Schau ich aus dem Fenster raus
fühl ich Trost
spür ich Furcht
Frag mich vorm Kastanienbaum:
Wem gehört sein Grün?

GEMÜTSMENSCHEN

Das Kraftwerk da vorne?
Wir sehen es nicht.
Der Steinbruch da hinten?
Wir hören ihn nicht.
Die Putenfarm drüben?
Wir riechen sie nicht:
Wir haben ein feines Häuschen, nicht?

ZURÜCK ZUR UNNATUR

Zurück aus dem Wald
wo Blätter verkümmern
Kronen sich lichten
Äste verdorren
Rinden aufplatzen
Stämme hinstürzen –
Beute des Sturms
Opfer des Fortschritts
Geiseln des Wandels
Treibgut der Zeit.

Zurück in der Stadt
wo strahlende Wände
den Himmel verstellen
und ihn verdoppeln –
Türme aus Glas
Spiegel des Wechsels
Stelen aus Licht
Monumente der Dauer:

Wer möchte leben
ohne den Trost der Hochhäuser!

FABEL

Als er aber den Baum endlich rausstellte,
blühte der auf. Wodurch sich herausstellte:
So ein Baum mag zwar auch drinnen hausen,
so richtig wohl aber fühlt er sich nur draußen.

Draußen freilich, auf der Terrasse,
gewann der Baum derart an Umfang und Masse,
daß er dem Wohltäter das Wohlfühln vergällte
und der ihn fällte.

NATUR-BLUES

Kaum atmest du wegen der Eichen auf,
da gehn schon die ersten Kastanien drauf
Natur

Kaum lassen die Kinderkrankheiten nach,
da fühlst du dich schon etwas altersschwach
Natur

Kaum erholt sich dein Land von der Trockenheit,
da macht sich bereits wieder Hochwasser breit
Natur

Kaum hast du entdeckt, welcher Wein dir schmeckt,
da hat das auch deine Leber gecheckt
Natur

Kaum lockt dich der blühende Wiesenrain,
da stellt sich dort auch schon die Milbe ein
Natur

Kaum weißt du, wo man gut essen geht,
da empfiehlt dir der Arzt eine Nulldiät
Natur

Kaum geben die letzten Amseln Ruh,
da gibt schon der Kauz seinen Senf dazu
Natur

Kaum kommt der ersehnte Schlaf herbei,
da weckt dich schon wieder Amselgeschrei
Natur

Kaum daß du die Kunst zu leben erlernst,
da macht schon der bleiche Geselle ernst:
Natur.

WETTERWAND

Wie edel dieses Grau da tut:
»Ich diene nur als Hintergrund
für Eiche und Akazie!« und
schon ist es wieder ein Stück näher gerückt.

Wie leise dieses Grau da kommt!
Als spielten wir »Ochs, dreh dich um«.
Kaum schau ich auf, verharrt es stumm
und hat sich soeben ein ganzes Gehöft genehmigt.

Wie gierig dieses Grau da ist!
Es fraß den Berg, nun frißt's das Feld
und frißt bald auch die ganze Welt:
»Der Sieger darf den Verlierer verschlucken.«

IM NEBEL

Unsichtbar sind Steg und Weiher,
Rohr und Wiesengrund desgleichen,
Eichen ragen kahl und dunkel
aus dem hellen Nebelschleier.

Ungerührt vom Stirb und Werde
stehen Tiere um den Weiher,
Reiher bis zum Hals im Nebel,
bis zum Bauch im Nebel Pferde.

BEGINN DER SOMMERZEIT 96

Vorfrühlingstag, kahl und durchsichtig.
Im Gitter von Ästen das rostende Eisen,
der Plastikfetzen, die glitzernde Scherbe,
die Feuerstelle, die bleichenden Knochen:
Allem geht der Blick auf den Grund.

Vorfrühlingslicht, fahl und blaustichig.
Kaum reicht es zum Schatten bei Grube und Haufen,
Plane und Spaten, Hacke und Krähe,
alle grundiert vom Braun des Verrottens,
über allem ein Hauch von grundloser Trauer.

ALS AM 4.4.96 DER WINTER ZURÜCKKEHRTE

Nun alles wieder weiß
Nun alles wieder tot
Des Wetters grimme Wut
Der Tiere liebe Not
Des Menschen Unverstand:
Will es denn hier auf Erden
In diesem Unheiljahr
gar niemals Frühling werden?

Der schneebedeckte Tann
Das frischgeweißte Dach
Der Winde Kraft so stark
Der Vögel Flug so schwach
Des Menschen blinder Zorn:
»Gott, das kannst du nicht machen!«
»Du siehst doch, daß ich's kann!«
Gott's unhörbares Lachen.

SCHÖN UND GUT

Schön, so in den Wald zu schauen,
drinnen könnten Tiere stehn
und auf all die Menschen blicken,
die auf all die Tiere sehn,

Wie sie auf die Menschen schauen,
deren Lebenszeit verrinnt
beim Betrachten all der Tiere –
gut, daß das nur Wünsche sind.

TIER UND MENSCH

So viele Jahre ohne Tier schon:

Kein Klagen an der Tür, kein Grüßen
Kein sehnsuchtsfeuchter Blick, kein Drängen
Kein Streichen um das Bein, kein Schnurren
Kein selbstvergeßnes Mahl, kein Lecken
Kein traumverlornes Ruhn, kein Schlummern –

So viele Jahre schon gar kein richtiger Mensch mehr.

BRUDER OTTER

»Mensch, wo ist dein Bruder Otter?«
Diese Frage könnte uns alt aussehen lassen
am Ende der Tage, wenn wir
uns zu einer Antwort werden bequemen müssen.
»Was hat dir der Otter getan, Mensch?«

Mir? Nichts, Herr! Den munteren Otter
hab ich immer geliebt. Ich habe
ihn im Zoo von Jakarta gefüttert,
mit Erdnüssen. Er bettelnd hinterm Gitter,
und ich bohrte ihm den Zeigefinger
in die fordernde Vorderpfote, die sich samt Schwimmhaut
reflexhaft um die Fingerkuppe schloß. Ah!
Nie war mir der Otter lieber. Ja?

»Warum hast du nichts getan für den Otter?«

Aber ich tat doch etwas für ihn. Im Zoo von
Belem, den Riesenotter, frag ihn!
Ich warf ihm Cashew-Nüsse ins Wasser,
denen er keckernd vor Gier hinterherschoß,
um sie dann rücklings gleitend zu greifen
und sie sich schwimmend munden zu lassen.
Nie fühlte ich mich diesen Wesen so nah
wie beim Anblick des futternden Schwimmers. Ja?

»Das nennst du was tun für den Otter? Die peanuts?«

Ich tat, was ich konnte. Ich reiste dem Otter
nach bis ins Ottern-Zentrum Hankensbüttel,
wo die drei Otter mich mit dem Wärter
verwechselten und im Carree der Umzäunung
sprangen im Glauben, ich hätte Fisch im Beutel.
Dabei war Fütterung doch erst um halb eins,

und noch war es zwölf, so daß mir viel Zeit blieb,
mich der muntern Geselln zu erfreun. Haha!
Bei Gott ein Bild für die Götter. Ja?

»All deine Otter
umgeben Gitter!
Dein Bruder im Gatter
ein Bild für die Götter?«

Ach, Gott, da du selber der Schöpfer bist,
weißt du besser als ich, was gelaufen ist.
Der Bruder, den du dem Tier zugedacht,
hat es bestenfalls bis zum Vetter gebracht.
Statt zum Hüter von dem, was da kreucht und fleucht,
hat's beim Vetter, wenn's hoch kommt, zum Wärter gereicht.
Wer verschuldet, daß solch ein Bastard entsteht,
trage Sorge, daß er auch wieder vergeht.
Sei du, Herr, der Retter,
lösch ihn aus, diesen Vetter,
diesen Selbstvergotter
und Allesandreausrotter:
Er oder der Otter!

»Du, Mensch, oder der Otter?«
Darauf, Herr, wird es wohl hinauslaufen.

KURZE REDE ZUM VERMEINTLICHEN ENDE
EINER FLIEGE

Tut mir leid, meine Liebe, du wirst jetzt gleich hin sein.
Wir sind hier schließlich nicht bei Buddhistens.
Bei Buddhistens, das ist ein Kontinent weiter.
In Tibet, da läßt man sich so etwas bieten,
die würden dich, Fliege, die ganze Nacht
rumsummen lassen nach Herzenslust.
Bei Buddhistens ist das normal, die summen
ja selber rund um die Uhr ihre Oms,
ihre O mani padme hums, diese Priester.
Und wo andauernd irgendwo rumgesummt wird,
da fällt ein Gesumme mehr oder weniger
gar nicht groß auf. Doch wir sind hier bei Christens.
Da wird nicht gesummt. Da wird nachts geschlafen.
Daran hat sich auch eine Fliege zu halten.
Glaub bloß nicht, ich hätte was gegen euch Fliegen.
Normal tu ich keiner etwas zuleide.
Doch ich will jetzt schlafen, und du willst jetzt summen.
Ich hab die Patsche, und du bist der Brummer,
du oder ich, tut mir leid, meine Liebe:
Da!

Bsssss

Scheiße!

DÄMMERUNG

Im Dämmer die Katzen, sie spielen. Sie
haschen nach purpurnen Faltern. Sie
schnellen jäh in die Höhe. Sie
reißen die Beute zu Boden. Sie
schnauben zum Rasen der Flügel. Sie
knurren zum knatternden Flattern. Sie
halten die Falter und sie fressen sie.

OLBIA – LIVORNO

Es ging die ganze Zeit an Korsika entlang,
bei steifem Wind, ich hoffe, man sagt so,
an diesem blaubehauchten, drachenhaften Land,
davor das Wasser, blendend und bewegt,
darüber hohe Wolken wie in Wartestellung,
als ob der stundenlang gezackte Rücken
sich plötzlich aus dem Wasser heben könnte
und irgend jemand müsse da sein, der ihn mäßigt,
sich allzuhoch ins Himmelsblau zu recken: Korsika,
ich bitt Sie! Wenn das nun jede Insel machen würde!

SEPTEMBERSEE

– Du also hast schon vor Beeren gekniet?
– Ja, ich hab schon vor Beeren gekniet.
– Erkläre dich deutlicher!

Denk dir einen Waldsee, denk dem
See ein steiles Ufer, denk dir
dieses Ufer dicht bewachsen.
Denk ihm Binse, Minze, Weide,
denk das alles schön gespiegelt –
hast du's?
– Ja.

Denk dir Mittagssonne. Denk das
Wasser leicht gekräuselt. Denk den
milden Wind. Denk der Libellen
stetes Unstetsein. Denk dazu
hoch den schrillen Schrei des Bussards –
hörst du's?
– Ja.

Denk dir einen Schwimmer. Laß ihn
mit dem Licht durchs Wasser gleiten.
Denk, wie er sich denkt: Was hängt da
derart dunkel, derart glitzernd,
derart lockend in die Fluten –
siehst du's?
– Nein.

Denk dir eine Brombeerhecke.
Denk sie zwischen Schilf und Weide.
Denk sie hart im Licht des Mittags.
Denk sie derart voll von Beeren,
daß die bis ans Wasser rühren –
siehst du's jetzt?
– Ja.

Denk den Schwimmer. Denk die Beeren.
Denk ihr Locken. Denk sein Nähern.
Denk sein Knie. Denk wie's auf Grund stößt.
Denk sein Knien. Denk wie vom Wasser
aus er zugreift. Denk sein Schwelgen.
Spürst du's?
Ja?

– So also hast du vor Beeren gekniet?
– Ja, so hab ich vor Beeren gekniet.
– Das erklärt natürlich einiges.

VIEL UND LEICHT

Von allem viel. Viel Birne, viel Zwetschge. Viel
Traube, viel Pfirsich. Viele Tomaten. Viel
Rascheln der vielen trockenen Blätter. Viel
Haschen der vielen kleinen Katzen. Viel
Duft von viel Harz der vielen Pinien. Viel
Wind in den vielen Oliven. Viel Silber. Viel
Rauschen. Viel Blau in den vielen Hügeln. Viel
Glanz. Viel Wärme. Viel Reife. Viel Glück.

Vor allem leicht. Wie leicht sich das erntet. Leicht
löst sich die Birne, die Zwetschge, der Pfirsich. Leicht
trennt das Messer vom Weinstock die Traube. Leicht
knurrend naht sich die Katze. Sie läßt sich leicht
die Beute abnehmen. Es schreibt die Rechte: Leicht
gesperbert die helle Brust des Vogels, so leicht
in der Linken. Die Flügel sehr dunkel. Darin leicht
gekurvte, gelbe Handschwingen. Ein Zeisig vielleicht.

IV künstlich

ALLES ÜBER DEN KÜNSTLER

Der Künstler geht auf dünnem Eis.
Erschafft er Kunst? Baut er nur Scheiß?

Der Künstler läuft auf dunkler Bahn.
Trägt sie zu Ruhm? Führt sie zum Wahn?

Der Künstler stürzt in freiem Fall.
Als Stein ins Nichts? Als Stern ins All?

HEIA SAFARI

Stapf nur, postmoderner Künstler,
durch das Grün der Kunstgeschichte.
Tritt die Halme mutig nieder
auf dem Gang ins Unwegsame.
Bahne dir mit festen Schritten
einen Weg ins Niebetretne.
Schau nach vorne, dorthin, wo dir
Werke, Würden, Weihen winken,
aber:
Blick nicht rückwärts, denn sonst sähst du,
wie die Gräser, kaum getreten,
sich schon wieder aufwärts richten,
wie der Weg, den du gegangen,
Schritt für Schritt sich selber auslöscht,.
wie die Spur von deinen Tagen
jährlich, täglich, stündlich schwindet,
bis sie so wie du vergangen:
spurlos.

KUNST UND LEBEN

Was ihn beschäftigt
was ihn bewegt
er in seine Worte legt:
Der Dichter.

Was ihn begeistert
was ihm gefällt
er in seinen Bildern darstellt:
Der Maler.

Wie er sich fühlt
wie ihm zumut
er in seine Töne tut:
Der Musiker.

Was ihn geformt
was ihm bestimmt
er Worten, Bildern und Tönen entnimmt:
Der Mensch.

EIN KÜNSTLERLEBEN

Er glaubte gut zu sein
und war schlecht.
Er glaubte stark zu sein
und war schwach.
Er glaubte was zu sein
und war nichts.

Er glaubte schlecht zu sein
und war gut.
Er glaubte schwach zu sein
und war stark.
Er glaubte nichts zu sein
und war was.

Er glaubte gut zu sein
und war gut.
Er glaubte stark zu sein
und war stark.
Er glaubte was zu sein
und war was.

Er glaubt gut zu sein
und ist nichts.
Er glaubt stark zu sein
und ist schlecht.
Er glaubt was zu sein
und ist schwach.

Er glaubte und
glaubte und
glaubte und
glaubt.

DER DICHTER

Abends zählt er seine Leiden,
tut sich an dem Vorrat weiden,
wählt eins aus, bedichtet es,
und das Dichten richtet es.

Morgens aber fleht er wieder:
Schicksalshammer, sause nieder!
Denn ich wähn mich schon im Grabe,
wenn ich nichts zu dichten habe.

DER ALTE UND DER JUNGE DICHTER

Betritt der alte Dichter den Raum,
hat der junge Dichter den Traum:
So zu werden wie der!
So alt und berühmt wie er!

Liest der junge Dichter im Blatt,
daß der alte uns verlassen hat.
Neidet er ihm sein End,
weil ihn nun alle Welt nennt.

Liegt der alte Dichter im Grab,
denkt der junge Dichter: Nun hab
ich den alten vom Hals.
Merkt er bald: keinesfalls.

Tote Dichter sind schlimm.
Je toter, desto besser bei Stimm.
Wünscht sich der lebende, er
wär bald so tot wie der.

MEMENTO

Den Friedhof im Vorfrühling meide der Dichter.
Halbschatten, Vogelschlag, Schmetterlingsgaukeln,
Glöckchenweiß, Krokusblau, zartestes Blattgrün
sind vor dem Hintergrund all dieser Gräber
schlicht zu poetisch. Nur aus des Eichhorns
geschäftigem Hüpfen könnte ein Könner
vielleicht noch was machen in Richtung »Memento«.

So:

Das Eichhorn hüpft von Grab zu Grab,
ein Glück, daß ich noch keines hab

Oder so:

Noch im Zucken des Schwanzes des Eichhorns
ist mehr Leben als in all diesen Toten

Oder auch so:

Heute noch Eichhorn, morgen schon Leichhorn.

RAT

Seine Lenden, seine Spalten
muß der Dichter offenhalten
für den Fall, daß Gott sich naht.
Merk dir daher meinen Rat:
Schließ die Spalten und die Lenden,
willst du nicht als Dichter enden.

NACHMITTAG EINES DICHTERS

Horch! Es klopft an deine Tür:
»Mach auf und laß mich rein!«
»Wer da?« »Die Einfallslosigkeit!«
»Das fällt mir gar nicht ein.«

Schon steht sie neben deinem Tisch:
»Was wird das? Ein Gedicht?«
»Ein Lob der Kreativität.«
»Das, Freundchen, wird es nicht.«

Da fährst du auf und sagst bestimmt:
»Das wird es wohl, Madame!«
»Dann leg mal los!« »Ahemm, ahemm...«
»Und weiter?« »Äh... Ahamm...«

Da küßt sie strahlend deinen Kopf:
»Ciao, ich muß weiter, Kleiner.
Doch hab ich einen Trost für dich:
So schön besang mich keiner!«

KULTURBETRIEB

Aus dem Innern des Verteilers
klingt ein langgezognes Weinen:
Daß der ihn nicht mehr erfasse,
hört man den Betrübten greinen.

In dem Innern des Verteilers
hadert er zum Gotterbarmen:
Weh! Man hat mich ausgeschieden!
Schluchz! Was wird nun aus mir Armen?

Daß er sich nicht grämen solle,
möchte man den Tropf beschwören:
Doch im Innern des Verteilers,
da sind Worte nicht zu hören.

Denn ins Innre des Verteilers
dringt kein Ton, kein Licht, kein Fühlen:
Dort herrscht Hitze, Krach und Wonne,
ohne jemals abzukühlen,

abgestrahlt von heißen Herzen,
den Betreibern dieses Meilers:
Alles Täter, alles Opfer
in dem Innern des Verteilers.

THEMAWECHSEL

Eine Zeitlang war Peter Handke das Thema
Dann war auf einmal Durs Grünbein das Thema
Im Grunde war keiner der beiden das Thema
Das Thema war immer: Erfolg.

Heute, mein Freund, ist Durs Grünbein das Thema
Morgen ist irgendein andrer das Thema
Du, mein Freund? Du wirst niemals das Thema
Das Thema bleibt immer: Erfolg.

KNASTBRÜDER

Der geistliche Bach ist gewaltig.
Und der weltliche steht ihm nicht nach.
Da ist keine Note beliebig,
aber jede klingt nach Bach.

Thomas Mann gelang das Kunststück
sich ein Leben lang treu zu bleiben
und abertausend Seiten
im Thomas-Mann-Stil zu schreiben.

Picasso gilt als Proteus.
Man wähnte ihn ständig verwandelt.
Doch werden all diese Volten
durchweg als Picassos gehandelt.

Von Brecht gibt es viele Gedichte.
Manche gut und manche nicht schlecht.
Und manche ziemlich daneben.
Aber alle sind von Brecht.

Ein Künstler ist ein Gefangner
im selbstgemauerten Kerker.
Die Steine, das sind seine Werke.
Und der Knast nennt sich nach dem Werker.

EIN EBENSO INFORMATIVES WIE INTERESSANTES
GESPRÄCH MIT DER BERLINER AKADEMIE
DER KÜNSTE AM HANSEATENWEG 10

Sag an, wann haben sie dich gebaut?
Sie haben mich 1960 gebaut.
Sag an, woran habt ihr damals geglaubt?
Wir haben ans Gute und Wahre geglaubt:

Wir haben an rechte Winkel geglaubt
Wir haben an reine Formen geglaubt
Wir haben ans Schöne weil Gerade geglaubt –
Gott, woran wir alles geglaubt haben!

Sag an, wer hat dich damals erbaut?
Mich hat Architekt Werner Düttmann erbaut.
Sag an, wovor hat euch damals gegraut?
Uns hat vor allem und jedem gegraut:

Uns hat vor Vielfalt und Mischung gegraut
Uns hat vor Wölbung und Rundung gegraut
Uns hat vor Spiel und Verstellung gegraut –
Huh, wovor uns alles gegraut hat!

Sag an, warum wurdest du denn gebaut?
Um zu bezeugen, woran wir geglaubt.
Sag an, was erfährt der, der dich beschaut?
Er erfährt Schritt auf Tritt, wovor uns gegraut:

Wir haben an Glas und Schiefer geglaubt
Uns hat vor Kurve und Bogen gegraut
Wir haben an Rupfen und Kupfer geglaubt
Uns hat vor Schmuck und Verzierung gegraut
Wir haben an Holz und Backstein geglaubt
Uns hat vor Sims und Säule gegraut
Wir haben an blanken Beton geglaubt
Uns hat vor Glanz und Farbe gegraut

Wir haben an Leere und Linie geglaubt
Uns hat vor Person und Körper gegraut
Wir haben an Geist und Askese geglaubt
Uns hat vor Natur und Fülle gegraut
Wir haben an ewige Werte geglaubt
Uns hat vor Provinz und Geschichte gegraut

Sag an, habt ihr jeglichem Leben mißtraut?
Ich wurde als Haus für die Künste gebaut.
Sag an, waren darin auch Menschen erlaubt?
Wir haben Kündern vertraut und an Künstler geglaubt:

Wir haben Gilles und Werner vertraut
Wir haben an Scheibe und Stadler geglaubt
Wir haben Fortner und Pepping vertraut
Wir haben an Molo und Schneider geglaubt
Wir haben Crodel und Hartung vertraut
Wir haben an Uhlmann und Winter geglaubt
Wir haben Gaiser und Sieburg vertraut
Wir haben an Gründgens und Käutner geglaubt
Wir haben Schnabel und Britting vertraut
Wir haben an Edschmid und Kessel geglaubt
Wir haben Roeder und Trökes vertraut

– und seid mit all diesen Namen ergraut!

Wir haben an Gutbrod und Düttmann geglaubt –

– und seid mit all diesen Größen verstaubt!

Mein Herr, diese Töne sind unerlaubt!
Ich lasse mir meine Würde nicht rauben –
an irgendwas muß der Mensch schließlich glauben!

Nur daß Sie kein richtiger Mensch sind, verehrteste Akademie!
Weil ich etwas weit Vollkommeneres bin: Richtiges
Menschenwerk!

TU'S NOCH EINMAL, BENN

Noch einmal treibende Wärme
auf noch einmal fruchtbarem Flor – :
Was brütet das alte Werden
unter den sterbenden Flügeln vor?

Noch einmal wuchernde Keime – :
Im Fokus noch wärmenden Strahls
beginnt noch einmal Vermehrung
erneuten Seins auf Bewährung,
und dann haben wir die Bescherung:
Tausende Nocheinmals.

INVENTUR 96
ODER
ICH ZEIG EICH MEIN REICH

Dies ist mein Schreibtisch,
dies ist mein Drehstuhl,
hier mein Computer,
darunter der Drucker.

Telefonanlage:
Mein Hörer, mein Sprecher.
After the beep
you can leave a message.

Sie können die Nachricht
natürlich auch faxen.
Ich ruf Sie so bald wie
möglich zurück.

Im Hängeschrank sind
die Korrespondenzen
und einiges, was ich
niemand verrate,

sonst kostet dies Wissen
noch mal meinen Kopf.
Der Kelim hier liegt
zwischen mir und den Dielen.

Das Kopiergerät dort
ist mir am liebsten.
Tags kopiert es die Texte,
die nachts ich getippt.

Dies ist mein Notizbuch,
dies sind meine Tagebücher,
dies ist meine Bibliothek,
dies ist mein Reich.

ALS ER DIE ERSTEN KRITIKEN
NACH DEM ERSCHEINEN DES ROMANS
»EIN WEITES FELD« LAS

Jetzt wäre ich ungern Günter Grass.
Dies meint der eine, der andere das,
Viel Honig fließt und Galle zuhauf,
Die rechte Begeisterung kommt nicht auf.
Ein Blatt druckt Freundliches, eines Gemeines,
Von rechter Begeisterung zeugt keines.
Hier wird gegeißelt, dort wird geschlichtet,
Die rechte Begeisterung wird nirgends gesichtet.
Es wimmelt von Lobreden und von Verrissen,
Die rechte Begeisterung lassen beide vermissen.
Da wird bewundert, da wird bekrittelt,
Ohne daß sich rechte Begeisterung vermittelt.
Den sieht man schwärzen, der sieht was glänzen,
Die rechte Begeisterung hält sich in Grenzen.
Der glättet die Stirne, der zieht sie kraus,
Die rechte Begeisterung bleibt aus.
Der hätt's gern größer, der gerne kleiner,
Die rechte Begeisterung hat keiner.
Der glaubt sich gut bedient, der sieht sich leiden,
Die rechte Begeisterung fehlt allen beiden.
Der schreibt von Gliederung, der schreibt von Kleisterung,
Keiner schreibt mit der rechten Begeisterung.
Die Karawane zieht weiter, die Hunde belln,
Die rechte Begeisterung will und will und will sich nicht
einstelln.

Wäre ich der Grass, ich könnte nicht vergessen:
Die haben mir doch mal aus der Hand gefressen.
Die haben mich doch mal ans Kreuz genagelt.
Da hat es doch Hosianna und Apage gehagelt.
Da gab es doch Krach, da gab es doch Wonne,
Da schrie es hie »Orkus!«, da scholl es hie »Sonne!«

Da war ich umstritten und dampfte beim Streiten,
Kinder Kinder, das waren noch Zeiten!
Denn in all den Worten und Widerworten
War damals noch – »Was, Günter?«
War damals noch – »Wer, Günter?«
War damals noch – »Sag's, Günter!«
War damals noch die rechte Begeisterung zu orten.
»Das war's, Günter.«

WENN DICHTER EINEN AUSFLUG MACHEN
Ein Couplet

Steigen und Schauen landab und landauf,
Folgend der Sonne herrlichem Lauf,
Grillen hinschmelzen, wenn Phoebus dir lacht –:

Was hätte ein Goethe daraus gemacht!

Mittagsstunde auf felsigem Stein.
Mensch mit dem Blau und dem Adler allein.
Ringsum September in südlichster Pracht –:

Was hätte ein Nietzsche daraus gemacht!

Sieh all das Rot. Dann sieh deine Hand.
Spüre in allem den nämlichen Brand
sehr großen Flammens: Es sei vollbracht –:

Was hätte ein Rilke daraus gemacht!

Abstieg und Einkehr im schlichten Lokal.
»Prego, die carta! Dann gucken wir mal:
Ist das nun billig? Was hab ich gesacht?!«

Das hätte ein Piefke daraus gemacht.

BODENSEEREITER

Zur Melodie des Lennon/McCartney-Titels »Paperback writer«
und nach Motiven der Ballade »Der Reiter und der Bodensee«
von Gustav Schwab

Ein Mann wollte schnellstens von A nach B,
zwischen A und B lag der Bodensee,
der im kältesten Winter seit hundert Jahr
von A bis B zugefroren war:

Bodenseereiter, Bodenseereiter,
wie kommst du weiter?

Frischer Schnee, der deckte das blanke Eis,
doch was einer nicht weiß, das macht ihn nicht heiß.
Unser Mann ahnte nichts von dem See unterm Schnee,
also ritt er über den Bodensee:

Bodenseereiter, Bodenseereiter,
wie geht es weiter?

Bald schon bricht der Abend, der frühe, herein,
aus Häusern im Schnee blinkt der Lichter Schein.
Das ist endlich A, denkt der Reitersmann,
da staunt eine Frau groß den Fremden an:

Seltsamer Reiter, eisiger Reiter,
kommst du von weither?

Von dahinten, sagt er, und sie fragt: Vom See?
Ist hier nicht A? fragt er – Nein, sagt sie, hier ist B.
Da stocket sein Herz, er sinkt vom Roß herab,
und am Ufer ward ihm ein trocken Grab:

Bodenseereiter, Bodenseereiter,
da sind wir gescheiter:

Wir alle müssen von A nach B,
unser aller Weg führt übern Bodensee.
Doch um faktisch vorm trocknen Grab sicher zu sein,
brechen wir prophylaktisch ins nasse ein:

Bodenseereiter, Bodenseereiter,
kommt, es geht weiter!
Bodenseereiter, Bodenseereiter,
das Leben geht weiter!

GOOD NEWS AUS NÜRTINGEN

»Uns trägt kein Volk.«
Paul Klee

Du, Klee, fühltest dich nicht vom Volk getragen,
Ich, Klee, kann dir von Nürtingen aus sagen:
Klee, du bist hier total angekommen
und wurdest in den Wandschmuck des Hotels Vetter
aufgenommen.

Ich, Klee, war im Hotel Vetter in Nürtingen,
und ich sah, daß es deine Bilder dort voll bringen.
Du, Klee, deine Werke garnieren
die Gänge, die vom Restaurant zum Klo führen.

Ja, Klo. Ich würde mich deswegen nicht groß grämen.
Den Weg zum Klo muß jeder mal nehmen.
So daß ein jeder, der sich dorthin bewegt,
auch ein wenig den Schöpfer des Wandschmucks trägt.

Du, Klee, bist 1940 gestorben
und glaubtest dein Volk für deine Kunst auf immer
verdorben.
Ich, Klee, war 1995 in Nürtingen
und kann dir ein ganz anderes Liedlein singen:

Dort ist der Hotelgast froh,
geleitet ihn ein Klee zum Klo.

DER MALER PABLO PICASSO SCHREIBT AN SEINEN KUNSTHÄNDLER DANIEL-HENRY KAHNWEILER

Sehr geehrter Kunsthändler Kahnweiler,

Wir hatten einen Deal gemacht,
der hat bis jetzt nicht viel gebracht.

Erst hab ich blau in blau gemalt,
Sie haben äußerst mau gezahlt.

Dann hab ich's mit Rosé versucht,
doch nichts im Portemonnaie verbucht.

Nun also wären Kuben dran –
Sie schaffen nicht mal Tuben ran.

Werd ich nicht nach Tarif bezahlt,
wird ab sofort naiv gemalt.

Zwar beißt die Maus kein Faden ab,
daß ich davon den Schaden hab,

doch trudeln keine Mäuse ein,
stürzt langsam mein Gehäuse ein.

Mein Herr! Sie haben Braque bedacht,
und der hat nichts als Quack gebracht.

Sie haben Juan Gris bezahlt,
und der hat ziemlich mies gemalt.

Zwar stimmt es, daß die Pressewelt
vor meinem Werk die Fresse hält,

doch läßt mich unser Blätterwald
samt selbsternannter Retter kalt.

Den haben sie mit Dank bedacht –
die Nachwelt hat sich krankgelacht.

Den haben sie durch Spott versehrt –
heut wird der Mann als Gott verehrt.

Wie wenig ein Verriß bewegt,
hat eben erst Matisse belegt.

Zwar hat er einen Schreck gekriegt,
doch den hat rasch Ihr Scheck besiegt.

Solang Sie ihm die Bilder zahln,
wird Henri wie ein Wilder maln,

da jeder, sofern Bares lacht,
gern Schönes, Gutes, Wahres macht.

Mit vorzüglicher Hochachtung
Pablo Picasso, Kunstmaler

PS Ein Vorschlag zur Güte:
Zunächst wird kräftig angezahlt,
sodann wird wie Cezanne gemalt,
der Gegenstand wird kleingehackt
und soviel Schotter eingesackt,
daß jeder, der Picasso kennt,
ihn nur noch Herrn Incasso nennt.

NACHDEM ER DIE KÖLNER
MALEWITSCH-AUSSTELLUNG GESEHEN HATTE

Malewitsch malte ein schwarzes Quadrat,
das war kein Bild, das war eine Tat:
Hoch Malewitsch.

Malewitsch hielt sich seither für genial,
doch war er das nur dieses einzige Mal,
der Malewitsch.

Malewitsch war ein armes Schwein,
er fiel in die eigene Falle hinein,
tja Malewitsch.

Malewitsch malte die Kunst ins Aus,
doch zog er selbst keinen Schluß daraus,
o Malewitsch.

Malewitsch führt vor, was dann entsteht,
wenn einer, der ankommt, noch weitergeht.
Ach Malewitsch.

GESCHEHEN UND GESEHEN

Der Schwamm ist ausgedrückt
Die Lehre ist erteilt
Der Fuß ist gewaschen
Die Frau ist bezahlt worden

Die Magd ist geweckt
Der Herr ist bezaubert
Der Brief ist gelesen
Die Milch ist ausgegossen worden

Der Wein ist getrunken
Die Stadt ist besichtigt
Die Straße ist gefegt
Die Laute ist gestimmt worden

Die Partitur ist studiert
Der Verehrer ist erhört
Die Kette ist verschlossen
Die Waage ist ausgeglichen worden

Der Brief ist gelesen
Die Kanne ist entleert
Das Trio ist einstudiert
Die Musikstunde ist beendet worden

Die Perle ist abgelegt
Die Muse ist gemalt
Der Hut ist abgesetzt
Der Brief ist geschrieben worden

Der Brief ist gelesen
Der Himmel ist erforscht
Die Welt ist erkundet
Der Brief ist gelesen worden

Das Virginal ist gespielt
Der Brief ist aufgesetzt
Die Spitze ist geklöppelt
Die Gitarre ist beiseite gestellt worden

Die Schlange ist zertreten
Die Frau ist vollendet
Das Virginal ist zugeklappt
Die Vermeers sind betrachtet worden

Alle fünfunddreißig verbürgten Vermeers
sind Bild für Bild
in der Reihenfolge ihres Entstehens
betrachtet worden.

ALS ER AM ABEND DES 5.3.1996 VOR DEM
HAAGER MAURITSHUIS STAND

Die Magd hat den Milchkrug abgestellt,
für heute ist er leer.
Die Wägende setzt die Waage ab,
für heute wiegt sie zu schwer.
Der Forschende legt den Zirkel beiseit,
für heute erübrigt sich der.
Die Umworbene weist den Wein zurück,
für heute mag sie nicht mehr.

Die Schreibende unterbricht den Brief,
für heute braucht's kein Kuvert.
Die Lesende versagt sich den Schluß,
für heute eilt der nicht sehr.
Die Wartende schließt das Virginal,
für heute kommt kein Mijnheer.
Und auf allen Bildern verdämmert das Licht:
Gute Nacht, Familie Vermeer!

BALLADE VON DER LICHTMALEREI

Leg etwas in das Licht und schau,
was das Licht mit dem Etwas macht,
dann hast du den Tag über gut zu tun
und manchmal auch die Nacht:

Sobald du den Wandel nicht nur beschaust,
sondern trachtest, ihn festzuhalten,
reihst du dich ein in den Fackelzug
von Schatten und Lichtgestalten.

Die Fackel, sie geht von Hand zu Hand,
von van Eyck zu de Hooch und Vermeer.
Sie leuchtete Kersting und Eckersberg heim
und wurde auch Hopper zu schwer.

Denn die Fackel hält jeder nur kurze Zeit,
dann flackert sein Lebenslicht.
Doch senkt sich um ihn auch Dunkelheit,
die Fackel erlischt so rasch nicht.

Sie leuchtet, solange jemand was nimmt,
es ins Licht legt und es besieht,
und solange ein Mensch zu fixieren sucht,
was im Licht mit den Dingen geschieht.

V   läßlich

KNABBERWIX

GELEIT-WORTE

Worte rauschen durch die Rüb',
manches froh, manches trüb.

Worte fließen aus dem Stift,
manches fehlt, manches trifft.

Worte staun sich auf dem Blatt,
manches stark, manches matt.

Worte sammeln sich im Buch,
manches dumm, manches klug.

Worte strömen in die Welt,
manches steigt, manches fällt.

Worte, die ich niederschrieb:
Seid so gut, habt alle lieb.

OSTFRIESISCHE ROMANZE

Zwei Leben werden enggeführt
Zwei Blicke werden sehr gespürt
Zwei Hirne werden sehr erregt
Zwei Herzen werden sehr bewegt
Zwei Körper werden sehr begehrt
Zwei Seelen werden sehr versehrt
Zwei Wochen lang wird sehr geflennt
Dann hat man sich in Leer getrennt.

PROGNOSE

Du bist jung
Du bist nett
Du bist hemmungslos kokett

Du wirst alt
Du wirst fett
Du bleibst hemmungslos kokett.

KLAGE

Ein Uhr und noch nichts geschafft
Zwei Uhr und noch nichts gerafft
Drei Uhr und noch nichts gemacht
Vier Uhr und noch nichts gedacht
Fünf Uhr und noch nichts getan –
Und um sechs fängt doch schon das Trinken an!

VERSTÄNDLICHER WUNSCH

Der Wunsch, sich schon um sechs Uhr zu besaufen,
ist sehr verständlich, wenn die Dinge laufen,
wie sie nun einmal laufen, nämlich schlecht:
Da kommt ein Rausch um sechs Uhr grade recht.

Bis sechs Uhr sollte man sich schon bequemen,
die Welt, wie sie nun einmal ist, zu nehmen.
Und wie die nun mal ist, hat jeder recht,
der ihr bescheinigt: Sie ist ziemlich schlecht.

Ab sechs Uhr freilich darf der Mensch erwarten,
daß sie nicht länger wüst ist, sondern Garten.
Und wird auch manchem, der sie wässert, schlecht:
Ihm gibt doch alles, was sie bessert, recht.

HERR MIT GRAUEN SCHLÄFEN

Jetzt bin ich schon in dem Alter, da ich
der Kellnerin dafür gut bin, daß sie
meiner Bestellung »Noch eine Grappa!«
nicht mit der Frage »Wirklich?« begegnet.

MERKVERS

Heute, morgen, übermorgen
sollst du's deiner Frau besorgen.
Danach aber darfst du ruhn
oder tausend Schritte tun
oder dir ein Bier gestatten
oder deine Frau begatten.

ALS ER ZWEI RIESENSCHNAUZER BETRACHTETE

Allein, daß sie auf vier Beinen laufen,
ist noch kein Grund, sie »Tiere« zu taufen.
Doch steht dahin, ob wir sie »Menschen« riefen,
wenn sie statt dessen auf zwei Beinen liefen.

DER FROHE VOGEL

Das Vöglein, das die Luft durchschifft,
ist froh, daß es kein Schiffchen trifft.
Denn träfe es ein Schiffchen,
wüßt' es: Ich bin ein Fischchen.

VOM FUCHS UND DEM EICHELHÄHER

»Nur die Nähe bringt uns näher«,
sprach der Fuchs zum Eichelhäher.
»Nichts kann edle Herzen trennen,
die sich aus der Nähe kennen!«
Und hat ihn beim Schopf genommen –
näher kann man sich nicht kommen.

GESPRÄCH ÜBER SCHÖNHEIT

»Daß so etwas Schönes immer wieder entsteht!
So schöne Katzen zum Beispiel!
Sie kommen mir fast noch schöner vor als früher!
Und da waren sie schon zu schön!«

»Ohne Ihrem Schönheitssinn nahetreten zu wollen:
Wäre es nicht ein Gebot der Ausgewogenheit,
zur Frage der Schönheit der Katzen
zumindest *eine* Maus anzuhören?«

SALUT

Der sprang so leichthin von der Fähre
als ob sie schon gelandet wäre
und trieb doch mitten auf dem Meere:
Erweist dem Mann die letzte Ehre!

DURCH

Durch die Landschaft geht ein Strich:
Sage Strich, wer schuf denn dich?
Strich so fern und Strich so fein –
wirst doch nicht die Schnellbahn sein?

DUETT DER HÖLLE

Zwei Motocross-Maschinen
Die Motoren ersterben am Hügel
O täten es die Fahrer ebenfalls!
Aber nein, sie ziehn die Motoren
wieder jaulend hoch und höher
O zöge ihnen einer die Haut vom Leibe!

WER BIST DU?

Bist Nehmender, bist Gebender?
Bin Überlebender
Bist Kriechender, bist Schwebender?
Bin Überlebender
Bist Trennender, bist Webender?
Bin Überlebender
Bist Drückender, bist Hebender?
Bin Überlebender
Bist Lösender, bist Klebender?
Bin Überlebender
Bist Jauchzender, bist Bebender?
Bin Überlebender
Bist also nichts als Lebender?
Bin ebendas.

DICHTERS DILEMMA

Betrachtend den Ostersee
sagte der Dichter:
»Ist es nicht furchtbar?
Beim Anblick des Sees
sag ich jedesmal das gleiche:
Er ist jedesmal anders.«

KOLLEGIALER RAT

Ein Gedicht ist rasch gemacht.
Schnell auch reimt ein Lied sich.
Aber so ein Zeitroman,
lieber Freund, der zieht sich!

LETZTLICH

Letztlich ist alles Dichten nur
Klage.
Klage, jawohl, ich weiß, was ich
sage.
Klage, gewiß, denn Leben ist
Plage.
Klage vom ersten zum letzten der
Tage.
Klage, bestimmt, das steht außer
Frage.
Klage war Epos, war Ode, war
Sage.
Klage, auf Ehr, erkenne die
Lage.
Klage wiegt schwer, und das Wort ist die
Waage.

DER DICHTER FÄHRT VON FREIBURG NACH BASEL

Links Schatten, rechts Lichter
Dazwischen: Der Dichter

Links Berge, rechts Buchen
Dazwischen: Das Suchen

Links Höhen, rechts Linden
Dazwischen: Das Finden

Links Hügel, rechts Orte
Dazwischen: Die Worte

Links Felder, rechts Fichten
Dazwischen: Das Dichten

Links Grünen, rechts Blühen
Dazwischen: Das Mühen

Links Plappern, rechts Singen
Dazwischen: Das Ringen

Links Formen, rechts Flächen
Dazwischen: Die Schwächen

Links Stangen, rechts Leitern
Dazwischen: Das Scheitern

Links Mauern, rechts Wände
Dazwischen: Fahrtende.

DER GAR NICHT SO ARME BB

Der war anders als ihr.
Was der tat, tat er ganz:
Hat gefickt mit dem Hirn
und gedacht mit dem Schwanz.

DER ZIEMLICH ARME GB

So viele Räusche getrunken
aus Schale, Becher und Glas.
Durch soviel Leerung gesunken,
stets hat auf dem Grunde gewunken
die alte Frage: Ze was?

GLIEDERUNG

atens betens cetens
detens etens eftens
getens hatens itens
jottens katens eltens
emtens entens otens
petens qutens ertens
estens tetens utens
vautens wetens ixtens
ypsilontens zetens.

OTTOS MOPS OND SO FORT
Ein Beitrag zum integrativen Deutschunterricht

Annas Gans

annas gans aast
anna: ab gans ab
annas gans rast ab
anna: aha

anna sagt: ach
anna sagt: angst
anna klagt
anna: gans gans
anna mahnt

annas gans scharrt
anna: ran gans ran
annas gans naht
annas gans kackt
anna: hahaha

GUDRUNS LUCHS

gudruns luchs knurrt
gudrun: kusch luchs kusch
gudruns luchs kuscht
gudrun: gut luchs gut

gudrun sucht: huhu luchs
gudrun ruft: kumm luchs kumm
gudrun flucht: luchs futsch
gudrun schluchzt: luchs putt

gudruns luchs schnurrt
gudrun juchzt: luchs pur
gudruns luchs pupt
gudrun ulkt: luxus purpur
gudruns luchs murrt: unfug gudrun
gudrun: schluchzschluchzschluchz

GITTIS HIRSCH

gittis hirsch hinkt
hirsch: hilf gitti hilf

gitti nimmt zimt
gitti nimmt zwirn
gitti nimmt filz
gitti nimmt hirn
gitti nimmt milz
gitti nimmt gin
gitti mischt

gitti winkt
gitti: trink hirsch trink

gittis hirsch nippt
gittis hirsch trinkt
gittis hirsch quillt
gittis hirsch sifft
gittis hirsch stinkt
gittis hirsch rinnt
gittis hirsch pißt

hirsch: gift gitti gift
gittis hirsch stirbt
gitti: igittigitt

ENZENSBERGERS EXEGET

enzensbergers exeget hechelt
enzensberger: geh her exeget
enzensbergers exeget fleht
enzensberger: nee exeget nee
enzensbergers exeget kleckert
enzensberger: ekelerregend
enzensbergers exeget quengelt:
elender enzensbergerexegetenschelter
enzensberger: nervender esel
enzensbergers exeget flennt
enzensberger: hehehe

VI   beweglich

DER ICE PASSIERT GÜNZBURG

Wieder an Günzburg vorbei.
Wie oft schon Günzburg gesehen,
das turmreiche, aber der Zug
blieb niemals in Günzburg stehen.

Freilich:

Hätt' er das einmal getan –
wär' ich denn ausgestiegen?
Daß ich von Günzburg nichts weiß,
kann nicht am Fahrplan liegen.

Denn:

Furcht hält den Menschen zurück,
sich dem, was schön scheint, zu nahen.
Jedermann weiß darum.
Viele, die Günzburg sahen –

Aber:

Keiner, der Günzburg betrat.
Keiner, der Günzburg durchschritten.
Keiner, der, mittags entflammt,
nächtens um Günzburg gelitten.

Denn:

Daß uns etwas ergreift,
meint auch, daß wir es nicht fassen.
Was den Schluß nahelegt,
Günzburg links liegen zu lassen.

Und nicht nur Günzburg.

FREUNDINNEN IM SPEISEWAGEN
KARLSRUHE – KEHL, 27.10.1995

Zwei Äuglein auf der Fahrt nach Kehl,
der Rest des Gesichts von einer Schulter verdeckt.
Die Äuglein sind braun und geheimnislos,
doch wer weiß, was alles hinter der Schulter steckt?

Beziehungsweise auf der Schulter sitzt.
Ein Kopf natürlich. Doch der zeigt sich von hinten
und ist voller Haare. Das läßt darauf schließen,
daß sich vorne zwei weitere Äuglein befinden.

Was Äuglein! Nein Kohlen! Nicht Kohlen! Demanten!
Demanten? Nein Sterne! Nein Sonnen! Nein Licht!
Wie schön doch zwei Äuglein sind, die wir nicht sehen!
Nur sehen die mich leider ebenfalls nicht.

ER BEOBACHTET EIN PAAR AUF DER FAHRT
NÜRNBERG – REGENSBURG

In Nürnberg ging's auf Reisen,
doch erst nach langem Warten.
Die zwei warn am Vereisen,
als sie den Zug bestiegen.

Bis Neumarkt war noch Schreien,
danach begann Verstummen.
Dem lärmenden Entzweien
folgt zwangsläufig Versteinern.

In Parsberg dann die Haufen
von Schnee rund um die Masten.
Unmöglich, wegzulaufen,
undenkbar, fortzufahren.

Kurz hinter Beratzhausen
ein Blick von hoher Brücke.
Da sahen sie mit Grausen
sich drunt im Wasser treiben.

In Regensburg, da stiegen
Versehrte aus dem Wagen.
Er sprach nicht mehr von Siegen.
Sie streckte ihre Waffen.

Ich denk an ihr Verschwinden
und blicke in das Dunkel.
Ob die sich noch mal finden?
Ich würde es gern glauben.

DER ICE VERLÄSST FRANKFURT/MAIN
UM 14 UHR 30

Wenn man es nicht schon wär,
man könnte irre werden
an unsrer Führungsschicht:
Wie die sich aufführt!

Sieh jene Führungskraft:
Kaum in den Schnellzugsessel
der ersten Klasse gefallen,
wirkt sie entkräftet.

Hinstreckt sie Tröster Schlaf.
Kraftlos seufzt sie im Gleichtakt
zum Heben und Senken der eben noch
so entflammten Brust.

Entflammt fürs Bewährte und Neue,
fürs Machbare und Visionäre,
fürs Schöne, Gute und Bare –
muß das schlauchen!

Jedes Gesellschaftssystem
ruht auf tragenden Stützen.
Was aber taugen Stützen,
die selber ruhn wolln?

Setzt sich der Zug in Bewegung
schnarchen im Großraumwagen
lauter gefällte Säulen –
oder knistert's schon im Gebälk?

DUISBURG HBF

Rot aus dem Grau
kommt ein Lärm
taucht ein Licht
ist schon vorbei
und verschwindet im Grau:
Wie traurig hier alles.

Grau unterm Gleis
sitzt ein Tier
springt die Maus
quer übern Schotter
und flitzt in das Grau:
Wie traulich hier alles.

Grau aus dem Grau
schlurft ein Mann
schnippt sein Stock
Kippe für Kippe vom
Bahnsteig aufs Gleis:
Wie schaurig hier alles.

FRANKFURT/MAIN – ZÜRICH
5. 5. 95, IM GEGENLICHT

Schön streckt das Land sich
Und geht in Terrassen
Über in Berge
Ausdauernd geschwungen und sehr grün gestellt
Vor den wölbenden Himmel.

Feldkreuz Kirchlein Ginster
Alles scheidet das Licht
Und es verbindet
Alles.

Viel. Viel zuviel.
Es reihn sich die Bilder
So nahtlos. Sie reichen
Sehr tief und gehen
Nicht aus längs des Bahndamms.

Indes
Wie den Schatten der Pappel
Hochhält der Maschendrahtzaun
Erhält das Bild sich
Im Gitter der Worte.
Aber schon der Fasan, aufsteigend
Und der Kiebitze schaukelnder Flug
Entziehn sich
Jeglicher Feststellung.

Sinnreich gebunden der
Treibende Rebstock
Festliche Lichter über
Wollnem Geleuchte.

Wie langsam das Schaf
Sich löst aus dem Schatten des Stalles
Um hinzugehn auf
Die athmende Au
So scheint auch kein Jubel
Im Reiher. Aber
Was weiß vom Jubel
Des Schafes, des Reihers der Mensch
Geschieden von ihnen auf immer
Und eilig. Er weiß ja nicht einmal
Etwas vom Zögern des Schafs und nichts
Von der Ruhe des Reihers.

So nun
Die Sonne im Auge
Glitzert die Welt an den Rändern. So
Scheint die Wahrheit dem
Der den Blick nicht wendet.

ZÜRICH – FRANKFURT/MAIN
6.5.95, MIT RÜCKENLICHT

Ohne Geheimnis die Welt. Nur eine Frage der Richtung.
Fällt mit der Sonne dein Blick, wirkt das Gerundete flach.

KÖLN – F/M

Da geht so 'n junges Mädchen durch den Speisewagen.
Das nehme ich nicht wahr, ihr könnt mich schlagen.

Da wippen hohe Brüste unter leichten Stoffen.
Daß die mich irritiern, dürft ihr nicht hoffen.

Da spannen feste Hosen prall wie blaue Trauben.
Daß die mich fasziniern, müßt ihr nicht glauben.

Da federn schlanke Beine herrlich in Gelenken.
Daß die mich echauffiern, sollt ihr nicht denken.

Dazwischen dieser Spalt. Grad zum Verlöten.
Das hab ich nie gesagt. Ihr könnt mich töten.

DER ICE HAT EINE BREMSSTÖRUNG
HINTER KARLSRUHE

Lila umflammt der Flieder die Hütte.
In Blumen versinkt die rostende Wanne.
Staubtrocken der Weg. Es zerrt unablässig
ein Wind an den Gräsern.

Alles im Rausch: Die Schwalben, die Blüten
Alles im Lot: Die Zäune, die Hecken
Alles im Licht: Der Schotter, die Schwellen
Alles im Arsch: Die Bremsen, der Zeitplan.

ZWISCHEN MANNHEIM UND GROSS GERAU

Hier scheint der Kleinmut zuhaus.
Alles schaut kleinlich aus.
So kleine Häuschen!
Fast meint man, Mäuschen
blickten zum Fensterlein raus.

Schnurgrad die Straßen sich ziehn.
Aussichtslos hier zu entfliehn.
Weg von der Gradheit,
fort aus der Fadheit
zwischen der Bahn und dem Grün.

Hier und da traut eine Maus
sich auf die Straße hinaus.
Wies Schnäuzchen wittert!
Wies Bärtchen zittert!
Regelrecht kühn schaut sie aus.

Macht manchmal gar einen Satz.
Nimmt jedoch rasch wieder Platz.
In dieser Flachheit
schützt keine Wachheit:
Alles ist hier für die Katz.

IM BORD-RESTAURANT
ODER
AUFKLÄRUNG – NEIN DANKE

Diese reizenden Blumengebinde
auf den Tischen des Bord-Restaurants
– Sie sind alle aus Plastik
   Die sind doch alle aus Plastik
Ach ja? Und wen stört das?

Diese reizenden dienstbaren Geister
um die Tische des Bord-Restaurants
– Sie sind alle auf Geld aus
   Die sind doch alle auf Geld aus
Ach ja? Und wen schert das?

Diese aufreizenden Reden
an den Tischen des Bord-Restaurants
– Ich will nur sagen, was ist
   Ich will doch nur sagen, was ist
Und ich will, daß nur ist, was ich sage.

ÜBER DEN SEMMERING NACH MÜRZZUSCHLAG

Es geht ständig aufwärts
Das sind wohl die Berge
Es wird immer weißer
Das ist wohl der Schnee
Auf schwarzen Schraffuren
Das sind wohl die Bäume
Geplusterte Vögel
Die sind wohl am Ende.

So langsam der Wagen
Das macht wohl die Steigung
Mit einem Mal Blendung
Das ist wohl die Sonne
Dann wirbelnde Flocken
Das heißt wohl, daß Schnee fällt
Kein Wunder, im Winter
Ist das wohl die Regel.

Im weißen Tal Häuschen
Das ist wohl Mürzzuschlag
Der Name klingt lustig
Das ist wohl nur Tarnung
Der Bahnsteig verlassen
Das ist wohl ein Omen
Hier, dacht ich, sei's gut sein
Das war wohl ein Irrtum.

VOR DEM START ZÜRICH – AMSTERDAM

Schöne Stewardess von der KLM
zeig mir die Notausstiege
noch einmal, noch einmal

Ich liebe die Art, wie du nach vorne zeigst
Ich liebe die Art, wie du nach hinten zeigst
Ich liebe die Art, wie du zur Seite zeigst
Noch einmal, noch einmal
zeig mir mehr Notausstiege

Ich liebe die Art, wie du dich von vorne zeigst
Ich liebe die Art, wie du dich von hinten zeigst
Ich liebe die Art, wie du dich von der Seite zeigst
Noch einmal, noch einmal
zeig mir noch mehr Notausstiege

Zeig mir den, der zu deinem Herzen führt
Zeig mir den, der zu deinem Hintern führt
Zeig mir den, der an deine Seite führt
Noch einmal, noch einmal
zeig mir alle Notausstiege

Bevor du flugplangemäß abhebst
und bevor ich erfahrungsgemäß abstürze
schöne Stewardess von der KLM.

DER LANGE WEG NACH BÜDINGEN

Nicht von weither grüßt Büdingen.
Versteckt sich lange, du hast noch in Düdelsheim
nicht den Schatten einer Ahnung von

Büdingen, und auch in Büches,
ja nicht einmal am Ortsende von Büches
spürst du einen Hauch davon, daß

Büdingen nur noch drei Kilometer
entfernt ist. Selbst wenn das Ortsschild
auftaucht, das unmißverständlich anzeigt

»Büdingen, Wetterau«, weißt du immer noch nicht,
was hinter dem Kreisverkehr den erwartet,
der dem Schild folgt »Historische Altstadt von

Büdingen«. Erst wer »Am Rosenkränzchen« steht,
also praktisch vor dem »Jerusalemer Tor«,
dem öffnet sich schlagartig, engwinklig, vieltürmig

Büdingen.

PFADFINDER

Ein Schritt vom Wege
Zwei Schritte vom Wege
Drei Schritte vom Wege
Wo ist der Weg?

Vier Schritte vom Wege
Fünf Schritte vom Wege
Sechs Schritte vom Wege
Da ist kein Weg!

Sieben Schritte vom Wege
Acht Schritte vom Wege
Neun Schritte vom Wege
Ist da ein Weg?

Zehn Schritte vom Wege
Elf Schritte vom Wege
Zwölf Schritte vom Wege
Das ist der Weg!

VII   alltäglich

WAS ES ALLES GIBT

Da gibt es die, die schlagen
Da gibt es die, die rennen
Da gibt es die, die zündeln
Da gibt es die, die brennen

Da gibt es die, die wegsehn
Da gibt es die, die hinsehn
Da gibt es die, die mahnen:
Wer hinsieht, muß auch hingehn

Da gibt es die, die wissen
Da gibt es die, die fragen
Da gibt es die, die warnen:
Wer fragt, wird selbst geschlagen

Da gibt es die, die reden
Da gibt es die, die schweigen
Da gibt es die, die handeln:
Was wir sind, wird sich zeigen.

U-BAHNHOF MIGUEL-ADICKES-ALLEE, 15 UHR 30

Der Knall. Der bittre
Geruch von Bier.
Die spritzenden Scherben
über kreischenden Fliesen.
Einer, der sich entfernt
in die U-Bahn-Unterführung.
Einer, der, stehengeblieben,
ihm ungläubig nachschaut:
»Was muß der für eine Wut im Bauch haben!«

Die Furcht. Der kahle
Hinterkopf. Das breite
Kreuz. Die geballten
Fäuste an den Jeansnähten.
Einer, dessen Schritt hallt
in der leeren Unterführung.
Einer, der im stillen
der Bierflasche dankt:
»Was, wenn der statt dessen seine Wut an mir ausgelassen
                                                    hätte!«

WIENER ANWANDLUNG

Wenn vor dem Ball die Jugend sich sammelt,
ganz Jeunesse dorée, als sei nichts passiert,
und im Abenddress ins Café hereinströmt,
in Stola und Smoking, als sei nichts passiert,
und die Mäntel da ablegt, wo »Reserviert« steht,
die Capes und die Pelze, als sei nichts passiert,
und zum Aufwärmen schon mal Champagner ordert,
Roederer Cristal, als könne nie etwas passieren –

Dann wünsch ich mir, es brächen durchs Fenster
verdreckte Kosaken mit blitzenden Klingen,
die Stolas aufzuspießen der Damen,
die Schleifen aufzutrennen der Herren,
und wenn dabei auch noch ein Kopf abfiele –
kann ja passiern, daß dabei ein Kopf abfällt,
soll jedenfalls schon mal dabei passiert sein – :
dann sagte ich, was man in Fällen wie diesen
sagt: Hoppla! Und ich höbe das Weinglas.

DIE ALTEN

Ein tristes Kapitel, die Alten.
Können sich nichts merken, nichts halten,
haben bei allem, was sie tun, Beschwerden –
warum mußten sie so alt werden?

»Jetzt müssen wir nur noch einen großen Schritt
machen, dann sind wir auf dem Bürgersteig.«
»Ich schaff's nicht, ich schaff's nicht. Diese
verdammten Beine!« »Natürlich schaffen wir es!«

Wem kann denn das Altwerden nützen?
Der Alte braucht Stöcke, braucht Stützen,
braucht Hilfe in allen Dingen –
wer soll soviel Einsatz erbringen?

»Ich werde die beiden nie vergessen. Die eine,
im Rollstuhl, klagte in einem fort: Ich will nicht mehr,
ich will nicht mehr! Und die andere, schiebend,
korrespondierte: Ich kann nicht mehr, ich kann nicht mehr!«
»Verwandte von Ihnen?« »Gott sei Dank nein!«

Wie sich die Alten ans Leben klammern!
Kletten gleich, aber Kletten, die jammern,
bleiben sie derart hartnäckig auf Erden,
daß auch die Jungen darüber alt werden.

»Die Amerikaner haben ein ganz treffendes Wort dafür:
Vegetable. Denken, fühlen, handeln – alles stillgelegt.
Die Frau ist seit vier Jahren nichts weiter als ein Durchgang:
bewußtlos, gefühllos, seelenlos. Just vegetable.«
»Reden wir noch immer von Ihrer Frau Mutter?« »Leider ja.«

Die Alten lehren die Jungen:
So wird mal mit euch umgesprungen.
Mögt ihr euch noch so gut halten –
eines Tages seid ihr die Alten.

»So, jetzt hören wir brav mit dem Dichten auf und
legen uns wieder hin.« »Aber vorher muß ich noch einen
Schluß finden. Das Gedicht hat doch noch gar keinen
                                                    Schluß!«
»Um den Schluß brauchen wir uns doch keine Sorgen zu
                                                    machen!
Der findet sich! Der findet sich schon von ganz, ganz alleine,
                                              der Schluß!«

GESPRÄCH MIT EINEM STUDIENFREUND,
HEUTE FÜHRUNGSKRAFT

Wenn du so cool bist und so schick –
warum hast du diesen Tic?

Aber ja, etwas reißt dir alle zwei Sätze
den Kopf herum und verzerrt deine Züge –
was ist das?

Aber nein, das ist keine Einbildung meinerseits,
das ist, Freund, eine Fehlbildung deinerseits –
was bedeutet sie?

Doch, ich hör zu. Der Standort Deutschland
ist in Gefahr, weil das Anspruchsdenken –
hast du nie daran gedacht, selbst Hilfe in Anspruch zu
                                                    nehmen?

Doch, ich folge. Allein durch Krankfeiern
gehen der deutschen Wirtschaft alljährlich –
wäre es nicht ratsam, mal einen Arzt aufzusuchen?

Doch, ich verstehe. Die Unternehmen
haben nichts zu verschenken. Leistung
muß sich in unserem Lande wieder –

Doch da ständig »Leistung« das Thema ist –
bisher hab ich einen Gesichtspunkt vermißt:

Hast du dich eigentlich noch nie gefragt,
wie lange sich ein Unternehmen wie deins
jemanden wie dich leisten kann?

VON GLEICH ZU GLEICH

Weltweit die Reichen
sitzen da und vergleichen:

Da wir beim Geld sind: Was kriegt eure Putzfrau?
Wir haben jetzt eine neue, aus Polen.
Ihr auch? Und was gebt ihr der so in der Stunde?
Was? Siebzehn Mark? So verdirbt man die Preise!
Unsre kriegt zwölf und ist rundum zufrieden.
Garçon! Noch zwei Cognacs! Und danach: die Rechnung!

Weltweit die Reichen
sitzen da und begleichen:

Die Getränke gehen auf mich! Laß mal sehen:
Vier Gläser Champagner, die Flasche Sancerre,
danach der Petrus, der war lecker, das Wasser,
und dann, was heißt das hier? Ach: Château d'Yquem.
Der Kaffee, zwei Cognacs, nein vier. Nichts zu danken,
ihr Lieben. Man gönnt sich ja sonst nichts.

»GASTLICHKEIT IN RECKLINGHAUSEN«

Sieben Vierzeiler zu Fotos im Fahrstuhl des Hotels B. in R.

»DIE BAR TATÜ-TATA«

In der Bar ist nachts der Bär los:
Männer enthülln ihre Strapse
und treiben kreischende Frauen
mit »Tatü Tata« in die Klapse.

»EIN HOTELZIMMER«

Wozu lädt das breite Bett ein?
Zum Schlafen, zum Sterben, zum Ficken?
Mit Eins und Zwei muß man rechnen,
das Dritte dürfte nicht glücken.

»DAS FRÜHSTÜCKSZIMMER«

Das Frühstück gibt's in der Frühe.
Schlimm genug. Doch es kommt noch schlimmer.
Wer so früh stückt, muß durch die Hölle,
und die nennt sich: Frühstückszimmer.

»DER GROSSE TAGUNGSRAUM ›KÖLN‹«

Das Strafrecht kennt harte Strafen
wie Einsperrn, Fesseln und Schlagen.
Die härteste aber lautet:
Im Tagungsraum »Köln« zu tagen.

»Der kleine Tagungsraum ›Essen‹«

Dieser süßliche Stank in den Fluren!
Er dringt aus dem Tagungsraum »Essen«.
Dort hat man die Stadtplanertagung
circa anno 60 vergessen.

»Die Trabrennbahn«

In R. ist jeder am Flüchten.
Selbst Pferde gehn auf die Reise.
Doch sosehr sich die Guten auch sputen,
die Armen laufen im Kreise.

»Der Marktplatz«

Der Marktplatz von R.? Ein Juwel!
(Sofern »Juwel« etwas meint,
was nicht schimmert, nicht glitzert, nicht leuchtet
und schon gar nicht strahlt oder scheint.)

MÖNCHENGLADBACH,
LETTOW-VORBECK-STRASSE

Schön ruhig bei den Reichen,
so ruhig als bei Leichen.
Kein Laut dringt aus den Villen,
hier ist man unter Stillen.

Doch da nahn sich zwei rote Mützen,
die lallend einander stützen.
Die gickernd nach Dosen greifen,
um gluckernd was einzupfeifen,
und die dies gezielte Bedröhnen
noch mit einem Kurzen krönen.
Nicht genug damit: Einer der Penner
mimt vor einer der Villen den Kenner
und läutet gezielt an der Pforte.
Ein Fenster geht auf. Barsche Worte
des Pförtners bedeuten dem Vollen,
sich unverzüglich zu trollen.
Der hält sich bewundernswert gerade,
sagt etwas wie »Scheiße« und »Schade«
und schreit »Bestelln Sie der Süßen,
ich laß sie ja sowas von grüßen!«
Dann schickt er sich an, mit dem andern
die Straße hinunterzuwandern,
um Richtung Stadt zu entweichen:

Schön ruhig bei den Reichen.

SONNTAG IN LÜBECK

Wie sie kauend durch
die Straßen schieben!
– Du mußt diese Menschen nicht lieben.

Wie sie gekleidet sind,
die Ungeschlachten!
– Du mußt diese Menschen nicht achten.

Wie erfreulich es wär,
wenn sie weniger wögen!
– Du mußt diese Menschen nicht mögen.

Wie sie durch ihre
Stumpfheit entsetzen!
– Du mußt diese Menschen nicht schätzen.

Wie schafft man es nur,
sie nicht zu hassen?
– Da mußt du dir etwas einfallen lassen.

BALLADE VOM GROSSEN MÖBELHAUS
AM MONTAGVORMITTAG

Ins große Möbelhaus am Montagvormittag.
Ja, bin ich denn allein hier unter all diesen Möbeln?
Ach nein, dahinten sitzt noch ein Mensch.

– Warum so melancholisch, mein Alter?
– Soll hier Möbel verkaufen, mein Herr!
– Aber die hier, die will man doch nicht einmal geschenkt
                                                      haben!
– Und da fragen Sie noch, warum ich so melancholisch bin?

Im großen Möbelhaus am Montagvormittag.
Hier hätten Träume Form angenommen, lese ich.
Wieso wähne ich mich dann in einem Albtraum?

– Das rührt von der Klage der Waren her, Herr.
Jedwede Ware verlangt's nach Verwandlung.
Sie könnten all diese Möbel erlösen,
diktierten Sie etwas in meinen Bestellblock.

– Das kann nicht die Klage der Waren sein, Alter.
Zwar giert jede Ware nach ihrem Käufer,
doch in dem Gemüseladen vorhin
las ich von Traum nichts, noch spürte ich Albtraum.

Durchs große Möbelhaus am Montagvormittag.
So leicht trat ich ein, nun wird mein Schritt schwerer.
»Setz dich doch!« locken die Sessel, die Sofas.

– Ich werd mich nicht auf dich setzen, Sessel!
Täte ich es, ich würd selber zum Möbel.
Aus meiner Seite aber ein Schildchen
wüchse mit Preis und preisenden Worten:

– Aktion und Tschüß. Für 1700, –
zeugt TK putto vom Stil seines Käufers:
Sitzen, liegen, relaxen, ruhn –
wann stellen *Sie* fest, welcher Typ *Sie* sind?

– Rede nicht weiter, Sessel, ich bitt dich.
Spar deine Worte, Sofa, sonst bind ich
mir dieses Halstuch um meine Ohren:
Singt die Sirene, dann muß der Mann handeln.

Dich, großes Möbelhaus am Montagvormittag,
durchschreite ich taub für der Vorgänger Rufe.
Hätten sie aufgepaßt, sie müßten nicht betteln:

Nimm mich, den Hochlehner TK moda!
Nein mich, das Bettsofa TK madonna!
Nein mich, den Dreisitzer TK largo!
Nein mich, die Sitzlandschaft TK arena!

Werd ich, ein eigenwilliger Einzelsessel!
Nein ich, ein beispielgebendes Bettsofa!
Nein ich, eine sophistische Sofagruppe!
Nein ich, eine wertbeständige Wohnlandschaft!

Sei ich, der Kleine mit dem großen Charakter!
Nein ich, schön am Tag und bequem in der Nacht!
Nein ich, die Eigenart, die Vielfalt braucht!
Nein ich, der Wohnraum, der Wohntraum wird!

Vorm großen Möbelhaus am Montagvormittag.
Durch die Schaufensterscheibe seh ich den Alten
seufzend die Beine aufs Fußteil legen

und mählich zum TK mortale mutieren.

DER SOHN FÜHRT DEN VATER DURCH DIE
NEUE WOHNUNG

– Hier im Bad ist eine Kachel lose.
Ich will sie baldmöglichst befestigen lassen.
– Du wirst ganz einfach nicht an sie rühren,
dann ist sie noch locker, wenn wir schon starr sind.

– Hier in der Küche ist eine Fliese gesprungen.
Ich werde sie schleunigst austauschen lassen.
– Du wirst ganz einfach nicht auf sie treten,
dann hält die länger als vieles, das heil scheint.

– Hier im Flur ist eine leicht unschöne Schräge.
Ich werde mich wohl an sie gewöhnen.
– Du wirst leider umgehend ausziehen müssen,
wenn dich dein Auge nicht ärgern soll ewiglich.

ALS ER SICH AUF EINEM STILLEN ÖRTCHEN BEFAND

Mein Blick fällt aufs
Toilettenpapier.
Darauf steht »Danke«.
Danke wofür?

Danke dafür,
daß ich es verwende
und keine edlen
Ressourcen verschwende.

Danke dafür,
daß ich es benütze
und so die Recycling-
Idee unterstütze.

Danke im Namen
von Wald und Baum:
Du sicherst unseren
Lebensraum.

Danke im Namen
von Fink und Star:
Du nimmst auch unsre
Interessen wahr.

Danke im Namen
der ganzen Natur:
So handeln
Auserwählte nur.

Danke im Namen
des blauen Planeten:
Heilig, heilig.
Lasset uns beten!

Dank für dein Dasein
in unserer Mitte!
Groß greif ich zur Rolle
und sag segnend: Bitte.

TAGESLAUF

MORGENDLICHER AUSGANG

Geh ich eilig aus dem Haus
Hab ich viel zu richten
Ist der Nachbar arbeitslos
Schäm mich meiner Eile.

ZEITUNGSLEKTÜRE IM WARTEZIMMER

Lese ich vom kranken Kind
Kann sich nicht bewegen
Spüre ich ein Ziehn im Zahn
Schäm mich meiner Schmerzen.

BETTLER IN DER FUSSGÄNGERZONE

Stehe ich vorm Bettlerhut
Liegt darin kein Pfennig
Habe ich nur großes Geld
Schäm mich meiner Scheine.

PLAKATSÄULE AM HEIMWEG

Sehe ich die Lepra-Frau
Hat sie keine Hände
Hab ich beide Hände noch
Schäm mich meiner Hände.

ABENDLICHE TAGESSCHAU

Sehe ich die Leichen all
Haben sie kein Leben
Habe ich mein Leben noch
Freu mich meines Lebens.

ERZÄHLUNGEN

Mein Nachbar erzählt mir von seinem Leid.
– Ich wußte gar nicht, daß Ihnen Lärm soviel ausmacht,
                                                  Sie Armer!
– Sie sind es, der diesen Lärm verursacht, mein Herr!
– Und warum richten Sie Ihre Klagen dann an mich?

Meine Geliebte erzählt mir von ihrem Kummer.
– Seit wann hast du denn einen Sohn, mein Häschen?
– Er ist von dir, du Miststück!
– Und warum nervst du ausgerechnet mich mit ihm?

Meine Tochter erzählt mir von ihrem Schmerz.
– Ja, warum besucht denn dein Freund dich nicht mehr,
                                                  Tochter?
– Du selber hast ihm das Haus verboten, Vater!
– Und warum muß ich mir dann so was in meinem eigenen
                                                  Hause anhören?

Mein Pfarrer erzählt mir von Gottes Güte.
– Mir gegenüber hat er sich ja immer korrekt verhalten,
                                                  Herr Pfarrer.
  Aber fragen Sie mal meinen Nachbarn
  Aber fragen Sie mal meine Geliebte
  Aber fragen Sie mal meine Tochter –
  die könnten Ihnen ganz andere Geschichten erzählen!

EINER SCHREIBT DER BERLINER REPUBLIK
ETWAS INS STAMMBUCH

Erstmals sind die Älteren
nicht per se schon Täter.
Erstmals heißt es: Macht erst mal,
bilanziert wird später.

Erstmals sind die Jüngeren
nicht per se schon Richter.
Erstmals schreckt das Kainsmal nicht
älterer Gesichter.

Erstmals müssen alle ran,
Turnschuhe wie Krücken.
Glückt's nicht, sind wir alle dran,
ergo muß es glücken.

VOLKES STIMME, 1994

Da haben sie also Scheiß gebaut
in der Moslem-Enklave Bihać

Zwei Jahre lang haben sie »Boba« geglaubt,
so nennt man dort »Väterchen« Abdić

Zwei Jahre lang ging dessen Rechnung auf
von der Autonomen Region Westbosnien

Doch unlängst hat er die Mücke gemacht,
die Zentralregierung war stärker

Und jetzt hockt er im Hotel »Jezero«,
bei seinen serbischen Freunden

Schlechter dran ist seine Anhängerschaft,
moslimische Bosniaken

Dreißigtausend mit Sack und Pack auf der Flucht
vor moslimischen Bosniaken

Und sitzen nun an der Grenze fest,
und die Kroaten verweigern den Einlaß

Da ist auf einmal der Westen gefragt:
»Helft uns, wir wollen nach Deutschland!«

Das hören wir uns vollkommen ruhig an
und erwidern dann: »Jetzt mal ehrlich

Wer hat denn da einen Scheiß gebaut –
ihr oder etwa wir Deutschen?

Wer hat euch die Suppe denn eingebrockt –
wir oder Väterchen Abdić?

Wir haben hier auch schon mal Suppen versiebt,
aber die haben wir vor Ort ausgelöffelt

Wir haben hier auch schon mal Scheiß gebaut –
wollten wir deshalb gleich nach Bihać?«

HOTEL »EUROPÄISCHER HOF«

Nun trägt man schon Körperteile
durchs Foyer.
– Man wird doch wohl erwarten dürfen,
in einem First Class Hotel von derlei verschont zu bleiben!
– Tut mir leid, der Herr,
aber wir hatten ein Attentat
im Nichtraucherstockwerk.
– Na, ein Glück, daß wir noch rauchen, Liebste!

Nun verteilt man schon weiße Tücher
an die Hotelgäste.
– Was soll ich damit? Vermuten Sie
in mir einen Feigling?
– Halten zu Gnaden, der Herr,
das Winken ist eine rein symbolische Geste.
– Na, dann mal los, Liebste, winken wir,
winken wir! Worauf wartest du noch?

Nun ruft man schon alle auf,
deren Nachname mit A beginnt.
– Wie ist das zu verstehn?
Was geschieht mit den Leuten?
– Es ist zu ihrer eigenen Sicherheit.
Sie sind doch nicht etwa betroffen, der Herr?
– Na das wäre ja noch schöner! Unser Name
beginnt immer noch mit G – ist's nicht so, Liebste?

Nun dringen schon Schüsse
aus dem Frühstücksraum.
– Was geht da vor?
Ein Hotel ist doch kein Schießstand!
– Es handelt sich um bedauerlicherweise
unaufschiebbare Reinigungsarbeiten, der Herr!
– Na, das hört sich zwar etwas anders an, aber
wir wollen es ihm noch mal durchgehen lassen, was, Liebste?

Nun ruft man schon alle auf,
deren Nachname mit B beginnt.
– Das geht jetzt aber wirklich zu weit!
Wir möchten unverzüglich auschecken!
– Die Rezeption ist zur Zeit leider nicht besetzt.
Darf ich den Herrschaften im Namen der Direktion
solange ein Glas Champagner offerieren?
– Da sag ich nicht nein. Und was sagst du, Liebste?

Nun sag schon was, Liebste,
du kannst jetzt nicht schweigen.
Die tun doch auch nur ihre Pflicht hier,
also bedank dich wenigstens.
Na gut, dann muß ich eben
in deinem Namen antworten:
Ja, meine Frau und ich nehmen
Ihr Angebot eines Gläschen Champagners
gerne an. Sehr aufmerksam. Zum Wohl, meine Herren!

KURZNACHRICHTEN

PEKING

In China wurde eine Rakete gestartet,
eine Rakete vom Typ »Langer Marsch«.
Die ist noch am Boden explodiert,
und so war der Marsch im A…
…nfang bereits rein längenmäßig ein wenig gehandicapt.

LONDON

In Wales strandete die »Sea Empress«.
Ihr wurde der Rumpf aufgerissen.
Da rollte der Tanker einen Ölteppich aus,
und den Meerestieren ging es besch…
…önigend ausgedrückt nicht mehr ganz so gut wie vor dem
Besuch dieser Meereskaiserin.

BONN

In Deutschland fand man jetzt den Dreh,
der Arbeitslosigkeit zu trotzen.
Da wird nicht mehr entlassen, sondern freigesetzt,
und schon ist die Lage zum Ko…
…stbaren Beispiel dafür geworden, daß die Sprache aber
auch wirklich alles heil machen kann.

BRÜSSEL

Menschen in ihrem Irrsinn
gaben Kühen Tiermehl zu beißen.
Was dann folgte, nannten sie »Rinderwahnsinn«,
um die Mitmenschen zu besch...
... leunigten Zahlungen zwecks Entsorgung der
durchgedrehten Pflanzenfresser zu bewegen.

DERRICK

All die schönen Frauen
All die guten Mienen
All die unsichtbaren Wunden
Unter all der Schminke

All die starken Männer
All die lieben Worte
All die tödlichen Gedanken
Hinter all den Stirnen

All die dunklen Zimmer
All die leisen Schritte
All die Schatten blanker Waffen
Über all den Schläfern

All die armen Toten
All die reichen Täter
All die kummervollen Blicke
Zwischen all den Fahndern

All die ersten Spuren
All die letzten Worte
All die traurigen Triumphe
Über all das Unrecht.

STEFFI GRAF-GOSPEL
ODER
DIE ›FRANKFURTER ALLGEMEINE‹ ZITIERT
DIE BRÜHLERIN NACH DEREN SPIEL GEGEN
GABRIELA SABATINI AM 7.6.1995

Erzähl uns, Steffi, wie hast du gespielt?

Ich war vom ersten Punkt an
Was warst du?
voll konzentriert
Das warst du, bei Gott!
Ich habe extrem beständig
Was hast du?
gespielt
Beim Himmel! Das hast du getan!

Ich habe perfekt serviert
Halleluja!
Ich habe auf
Was hast du, Schwester?
den richtigen Moment
für den richtigen Schlag
gewartet und bin
ans Netz vorgerückt –

Dein Mund spricht die lautere
Wahrheit, Schwester!
Nur sag uns, Schwester,
wann, Schwester, bist du
ans Netz vorgerückt?
– wenn ich es mußte!

Wenn du es mußtest! So war's, Schwester! Amen!

BORIS BECKER BESIEGT ANDRE AGASSI
AM 7.7.1995 IN WIMBLEDON
Ein Augenzeugenbericht

Als die Mutter deines Sohnes,
Boris, es nicht ansehn konnte,
hab ich nicht den Blick gewendet,
nicht beim Satzverlust und nicht, als
Agassi schon wie der sichere
winner aussah.

Als du, Boris, in der Pause
unterm Tuch ins Leere starrtest
und der Sprecher davon raunte,
dich bedränge die Erinnerung
an den Sieg von 85,
sah ich zu.

Als die Schatten länger wurden,
als dem zehnten Doppelfehler,
Boris, dein Ass Zwanzig folgte,
sah ich Agassi geblendet
einer Chance nach der andern
hinterherschaun.

Als im vierten Satz der Tiebreak
selbst Brooke Shields die Sonnenbrille
von den Augen riß, als sich ihr
lover Schlag für Schlag als loser
offenbarte und sie wegsah,
sah ich hin.

Als du, Boris, nur noch Augen
hattest für des Gegners letzten
Schlag ins Leere, als du deine
Siegerfaust gen Himmel recktest,
da sah ich, sahn es Millionen:
Wie eine endlich aufblickte.

COUPLET VON DER ERBLAST

*»Die Kirche muß endlich jene frauenfeindlichen Erblasten aufarbeiten,
die durch spätantike Männerkreise in die ursprünglich
frauenfreundliche Botschaft Jesu hineingetragen worden sind.«*
Aus einer Sendung des Kirchenfunks

Spätantike Männerkreise
Haben Jesu Wort verbogen
Haben seine frohe Botschaft
Korrumpiert und umgelogen
Korrigierten Evangelien
Kujonierten die Gemeinden
Überließen Führungsposten
Unverstellten Frauenfeinden
Herr, wer ritt uns in die Scheiße?
Spätantike Männerkreise!

Spätantike Männerkreise
Eure Stunde hat geschlagen
In der Kirche haben Chauvis
Gottseidank nichts mehr zu sagen
Mußte in der Spätantike
Alles um euch Männer kreisen
Wirft man eure Erblast heute
Hohnlachend zum alten Eisen
Und wer spuckt euch in die Suppen?
Postmoderne Frauengruppen!

BILDUNTERSCHRIFTEN

Der Nachbar zeigt auf das Fenster,
wo die Bestie manchmal herausschaute

Die Mutter zeigt auf die Wiese,
wo die Bestie die Tochter ansprach

Der Vater zeigt auf die Stelle,
wo die Bestie die Tochter hineinwarf

Die Tochter zeigt auf den Abhang,
wo sie der Bestie entkam

Der Polizist zeigt auf den Schuppen,
wo sich die Bestie versteckt hielt

Der Pfeil zeigt auf die Bestie,
wie sie den Gerichtssaal betritt

Die Bestie zeigte beim Prozeß
keinerlei Anzeichen von Reue

Der werden wir es zeigen,
der Bestie.

LIEGENGEBLIEBENE ›ZEIT‹ AUF DER
FERIENTERRASSE

Die dicke Zeitung
sich selbst überlassen
der Wind blättert in ihr
die Sonne schaut ihm über die Schulter:

Ach was: Es wird gefordert (Zur Abwechslung von
Studenten)
Ach was: Es wird gefoltert (Zur Abwechslung in der Türkei)
Ach was: Es wird gemosert (Zur Abwechslung von Reinhard
Eppler)
Ach was: Es wird gemordet (Zur Abwechslung in Ruanda)

Ach was: Es wird bejubelt (Zur Abwechslung das Gespann
Enzensberger – Tabori)
Ach was: Es wird bejammert (Zur Abwechslung zu frühe
Zinserhöhungen)
Ach was: Es wird belobigt (Zur Abwechslung die Arbeit der
Wohnraumfahnder)
Ach was: Es wird bemäkelt: (Zur Abwechslung die Arbeit
der Steuerfahnder)

Ach was: Es wird besprochen (Zur Abwechslung eine
Neuerscheinung)
Ach was: Es wird bestochen (Zur Abwechslung Chefärzte)
Ach was: Es wird geworben (Zur Abwechslung für British
Airways)
Ach was: Es wird gestorben (Zur Abwechslung von Juan
Carlos Onetti)

»Was passiert?« fragt der Wind.
»Ach was. Nichts Neues unter der Sonne.«

GUT UND LIEB

Kommt, das gute Brot des Nordens
wolln wir stückchenweise braten
in dem guten Öl des Südens,
wie es schon die Väter taten.
Von dem guten Wein des Westens
trinken wir, dieweil wir essen,
um die liebe Not des Ostens
schlückchenweise zu vergessen.

VIII   endlich

IM KREIS KREISEN

Wir ziehen enge Kreise
mit ziemlich kurzem Schritte.
Das Kreisen nennt man Leben.
Doch wie nennt sich die Mitte?

Es stehn um diese Kreise
fortlaufend enge Wände.
Die Wände nennt man Schicksal.
Doch wo ist deren Ende?

Es hat der Kreis kein Ende.
Wie anders unser Kreisen.
Da geht ein Riß durchs Leben.
Doch was will der beweisen?

WIR SIND WIR

Wir sind schon ein wilder Haufen
Wann Polizeistunde ist, bestimmen wir
Wir haben uns geschworen, nicht so bald nachhause zu gehen
Und was wir geschworen haben, das halten wir auch.

Nur manchmal wird einer vor die Tür gerufen
Da sei irgendeine Rechnung zu begleichen
Oft kriegen wir gar nicht mit, wie er rausgeht
Bis jemand fragt: Was macht eigentlich der Max?

Na, der wird sich draußen mit irgendwem herumschlagen
Mit Herz, Krebs, Aids, oder wie die Burschen heißen
Die einen anständigen Kerl vor die Tür bitten:
Laß mal sehen, wo du zu packen bist.

Kein Grund, deshalb ebenfalls vor die Tür zu treten
Wie's ausgeht, erfahren wir früh genug
Manchmal nur schriftlich, per Brief oder Anzeige
Dann rücken wir mit erhobenem Glas enger.

Meist aber kommt er wieder rein
Routiniert übersehen wir die Veränderungen
Der Kamerad soll das Gefühl haben, ganz der Alte zu sein
Wir sind ja auch ganz die Alten geblieben.

Aber dann rührt er den Schnaps nicht an und will ein Wasser
Aber dann läßt er das Bier stehen und bestellt ein
                                        alkoholfreies
Aber dann stochert er im Jägerschnitzel und murmelt etwas
                                        von Fraß
Aber dann ist er drauf und dran, uns etwas vom Burschen da
                                        draußen erzählen zu wollen.

Da müssen wir natürlich gegensteuern
Wo kämen wir hin, wenn alle über alles reden wollten
Bei uns soll sich jeder wohl fühlen können
Aber bitte nicht auf Kosten der anderen.

Da steigt dann ein Lied oder es wird eine Runde ausgezockt
Oder wir fragen die Bedienung, ob sie uns was vom Holz
                               vor ihrer Hütte abgibt
Oder wir stellen die Traum-Elf aller Länder und Zeiten auf
Oder was in der Richtung.

Wir sind nämlich ein ganz wilder Haufen
Und wann Polizeistunde ist, das bestimmen immer noch wir!

DER BALDY

ODER

EIN VERWIRRENDER MOMENT AUF DEM STUTTGARTER HAUPTBAHNHOF

Glaubte, Baldy aus dem ICE aussteigen zu sehen,
in dem ich saß, es sollte nach München gehen,
und wir waren in Stuttgart, als ich ihn zu sehen wähnte:
Das war doch Baldy, der da auf dem Bahnsteig gähnte
und an mir vorbeiging, ohne mich zu grüßen.
Na, Baldy, dachte ich, das sollst du mir büßen,
schaute ihm nach, wie er von dannen eilte,
entsann mich plötzlich, daß Baldy gar nicht mehr unter den
                                        Lebenden weilte,
weil es doch Baldy als ersten der Klasse geschrägt hatte,
sah noch, wie die Gestalt, nachdem sie sich Richtung Halle
                                        bewegt hatte,
stehenblieb, begrüßt von anderen Gestalten,
und dachte noch: Für einen Toten hat sich der Baldy aber
                                        erstaunlich gut gehalten!

DIE NACHBARIN

Die Nachbarin, die hüstelnd die Treppe fegt.
»So anstrengend heute.
Weiß auch nicht,
was ich habe.«
Krebs hat sie, die Nachbarin.
In einem Jahr wird sie tot sein.

Eine Erinnerung, die nicht vergehen will:
»So anstrengend heute.
Weiß auch nicht,
was ich habe.«
Krebs hatte sie, die Nachbarin.
Seit fünfzehn Jahren ist sie tot.

TRAUM IM AMAZONE-VILLAGE

Da fährt man nun so weit,
um solchen Mist zu träumen.
Die Tote fragt dich aus:
»Wer war am Apparat?«
Hat sie denn was gehört?
Du hast doch nur gegurrt,
du könntest jetzt nicht so,
wie du gern wolltest.

Du hast doch nur geschnurrt:
»Wann sehen wir uns wieder?«
Bei gutverschloßner Tür
und dicht am Apparat.
Nein, sie hat nichts gehört.
Weshalb dann dieses Lachen?
Warum der bittre Zug
um ihren Mund?

»Du weißt doch, daß ich weiß,
daß du am Apparat warst!«
»Ich sag dir, es war nichts!«
»Das hab ich auch gesagt,
als mich das noch betraf,
mein Lieber.« Sie verblaßt.
Aufweinend wirst du wach:
»Mit uns Überlebenden können
sie es ja machen.«

DREIAKTER
Nach Motiven von F. Kafka

Das Leben ist ein Fenster,
in dem du kurz erscheinst.

Mit deinem Auftritt öffnet sich
das Fenster jenen Augenblick,
der deiner Rolle zugedacht,
dann wird es wieder zugemacht,
wie du auch fluchst und greinst:

Dein Leben ist ein Fenster,
in dem du kurz erscheinst.

Auf deinen Auftritt wartet hier
kein Inspizient, kein Regisseur,
kein Stichwort, kein Szenarium,
kein Text, auch ist das Publikum
viel kleiner, als du meinst:

Dein Leben ist dies Fenster,
in dem du kurz erscheinst.

Zu deinem Abtritt nur so viel:
Wenn mal das Rampenlicht erlischt,
dann ist der Vorgang hausgemacht,
der Pförtner hat es ausgemacht,
nach Plan, nicht nach Verdienst:

Dein Leben war dies Fenster,
in dem du kurz erschienst.

ROSS UND REITER

Ich fühl mich meinem Leben so verbunden
wie einem Stein, der mir in freiem Falle
vorausstürzt und den Weg weist: Da geht's weiter.

Ich und der Stein, wir sind uns sehr verbunden.
Solang wir fallen, sind wir Weggefährten,
ein eingespieltes Paar wie Roß und Reiter.

Der Stein ist dergestalt mit mir verbunden,
daß uns ein Schicksal eint, das man auch Strick nennt.
Wenn ich von dem nicht loskomm, das wird heiter.

Doch was da fällt, bleibt bis zum Schluß verbunden.
Stumm stürzt das Roß. Verstummend folgt der Reiter.
Erst als er merkt: Ich fall ja gar nicht mehr – da schreit er.

ES, ES, ES UND ES

Es ist nicht schön, wenn man begreift:
Du bist nur gealtert, du bist nicht gereift.

Es tut nicht gut, wenn man bemerkt:
Die Zeit hat nur deine Schwächen verstärkt.

Es führt nicht weit, wenn man erkennt:
Was du auch anfängst, es ist der Anfang vom End.

Es baut etwas auf, wenn man bedenkt:
Mit dem Tod bekamst du das Leben geschenkt.

EIN GLÜCK

Wie hilflos der Spatz auf der Straße liegt.
Er hat soeben was abgekriegt.

Da hebt das den Kopf, was erledigt schien.
Könnten Spatzen schreien, der hätte geschrien.

Der hätte gebettelt: Erlöse mich.
Der Erlöser wäre im Zweifelsfall ich.

Ist sonst niemand da, die Straße ist leer,
der Wind weht leicht, und der Spatz macht's mir schwer.

Wen leiden zu sehn, ist nicht angenehm.
Wenn wer sterben will, ist das sein Problem.

So red ich mir zu und geh rascher voran.
Ein Glück, daß ein Spatz nicht schreien kann.

LITANEI VOM SCHMERZ

Profunder Schmerz
Wir wickeln und wickeln
profunden Schmerz in lindernde Tücher:

Ein Tuch nennt sich Gift
wir wickeln und wickeln
wir dämpfen den Schmerz
und wickeln, wir wickeln
Ein Tuch nennt sich Geist
wir wickeln und wickeln
wir deuten den Schmerz
wir wickeln und wickeln
Ein Tuch nennt sich Lust
wir wickeln und wickeln
wir würzen den Schmerz
und wickeln und wickeln
Ein Tuch nennt sich Form
wir wickeln und wickeln
wir binden den Schmerz
und wickeln, wir wickeln
Ein Tuch nennt sich Sex
wir wickeln und wickeln
wir schärfen den Schmerz
wir wickeln und wickeln
Ein Tuch nennt sich Crime
wir wickeln und wickeln
wir feiern den Schmerz
und wickeln und wickeln
Ein Tuch nennt sich Sport
wir wickeln und wickeln
wir fordern den Schmerz
und wickeln, wir wickeln
Ein Tuch nennt sich Geld
wir wickeln und wickeln

wir süßen den Schmerz
wir wickeln und wickeln
Ein Tuch nennt sich Tat
wir wickeln und wickeln
wir bannen den Schmerz
und wickeln und wickeln
Ein Tuch nennt sich Kunst
wir wickeln und wickeln
wir schönen den Schmerz
und wickeln, wir wickeln
Ein Tuch nennt sich Zeit
wir wickeln und wickeln
wir löschen den Schmerz
wir wickeln und wickeln
Ein Tuch nennt sich Ich
wir wickeln und wickeln
wir horten den Schmerz
und wickeln und wickeln
Ein Tuch nennt sich Du
wir wickeln und wickeln
wir teilen den Schmerz
und wickeln, wir wickeln
Ein Tuch nennt sich Glück
wir wickeln und wickeln
wir leugnen den Schmerz
wir wickeln und wickeln
Ein Tuch nennt sich Ruhm
wir wickeln und wickeln
wir adeln den Schmerz
und wickeln und wickeln
Ein Tuch nennt sich Staat
wir wickeln und wickeln
wir rühmen den Schmerz
und wickeln, wir wickeln
Ein Tuch nennt sich Nichts
wir wickeln und wickeln

wir steigern den Schmerz
wir wickeln und wickeln
Ein Tuch nennt sich Gott
wir wickeln und wickeln
wir krönen den Schmerz
und wickeln und wickeln
Ein Tuch nennt sich Tod.

ENTTARNT

Durch einen Fehler im Weltenplan
lockerte sich mein Schneidezahn.

Da schoß es mir eiskalt durch den Sinn:
Wie, wenn ich nicht unsterblich bin?

Da schien mir urplötzlich sonnenklar,
daß ich ein endliches Wesen war.

Da war ich schlagartig gewarnt:
So habe ich Gott als Mörder enttarnt.

SO

So, an die Wand gestellt des Lebens,
wartest du auf den Fangschuß des Todes,
Tag für Tag hoffend, der werde nie fallen,
Jahr für Jahr drängend auf Stundung und Aufschub:

Nicht jetzt im Januar, einmal noch Schnee sehn.
Nicht jetzt im Februar, einmal noch Frost spürn.
Nicht jetzt im März, noch einmal das Tauen.
Nicht im April, noch einmal der Erde
Geruch und das Versprechen der Blüten:
Nicht jetzt im Mai. Und nicht jetzt im Juni.
Einmal noch helle Nächte und mittags
einmal noch schwimmen: Nicht jetzt im Juli.
Nicht im August, noch einmal die Kühle
verdunkelter Räume. Nicht im September,
einmal noch Früchte sonnenwarm pflücken
aus raschelnden Bäumen, noch einmal durchweht
von würzigem Südwind: Nicht jetzt im September.
Nicht im Oktober: Einmal noch wandern.
Nicht im November: Einmal noch trauern.
Einmal noch feiern: Nicht im Dezember.
Und nicht jetzt im Winter, nicht jetzt im Frühjahr,
nicht jetzt im Sommer, nicht jetzt im Herbst:

So, all die Jahre den Tod beschwörend,
nimmst du nicht wahr, wie die Wand des Lebens
Tag für Tag schwindet. Dahinter der Abgrund
läßt dich nicht schaudern. Du hast ja nur Augen
für den, der nun abwinkt: »Gut, laßt ihn laufen!«
Erleichtert wendest du dich zum Gehen.

RITTER, TOD UND TEUFEL

1
»Zeige deine Wunde!«
»Bitte. Hier die Kratzer,
hier die Schnitte,
hier die Narben.«
»Danke, Ritter.«
»Bitte. Nichts zu danken, Schnitter.«

2
Ja der Tod, ja der Tod,
der hat immer recht,
darum, Lebende, bleibt es dabei:
Wer den Schnitter verteufelt,
der ist dumm oder schlecht
und ein Gegner der Gleichmacherei.

3
Lieber Teufel, sei nicht bös,
ab heute werd ich religiös,
man kann nicht immer lästern.
Zur Abwechslung wird Gott gelobt
und Dank für seine Gnad geprobt:
Das Lästern ist von gestern.

DAS DUNKEL

Menschen kleiden sich gern bunt,
das hat einen dunklen Grund.

Menschen zeigen sich gern nackt –
Dunkelheit in Haut verpackt.

Ob im Mann, ob im Weib,
Dunkel herrscht in jedem Leib.

Auch trifft zu, daß Greis und Kind
innen völlig dunkel sind.

Hinter jedem roten Mund
öffnet sich ein dunkler Schlund.

Meerrettich und Brot und Wein
läßt der Schlund ins Dunkel ein,

Rein in Magen, Blase, Darm,
alle dunkel, aber warm.

Wein und Brot und Meerrettich
wandern durch ein dunkles Ich.

Auf dem Weg vom Ich zum Du
freilich geht's noch dunkler zu.

Dunkel lockt der Zeugungstrieb:
Laß mich ein. Hab mich lieb.

Dunkel bleibt auch, ob es frommt,
daß da das zusammenkommt:

Same sah nie Tageslicht,
Ei warf niemals Schatten nicht.

Klar ist nur, daß es das Glied
gradewegs ins Dunkel zieht,

Und daß es ein Spalt empfängt,
den es dunkel zu ihm drängt.

Dunkel ist, was sich dann tut,
Dunkel herrscht, wenn alles ruht,

Doch im Schoß der dunklen Nacht
regt sich dunkel der Verdacht,

Alles Licht sei eitel Schein
auf dem Weg ins Dunkelsein.

DER LETZTE GAST

Im Schatten der von mir gepflanzten Pinien
will ich den letzten Gast, den Tod, erwarten:
»Komm, tritt getrost in den betagten Garten,
ich kann es nur begrüßen, daß die Linien

sich unser beider Wege endlich schneiden.
Das Leben spielte mit gezinkten Karten.
Ein solcher Gegner lehrte selbst die Harten:
Erleben, das meint eigentlich Erleiden.«

Da sprach der Tod: »Ich wollt' mich grad entfernen.
Du schienst so glücklich unter deinen Bäumen,
daß ich mir dachte: Laß ihn weiterleben.
Sonst nehm ich nur. Dem will ich etwas geben.
Dein Jammern riß mich jäh aus meinen Träumen.
Nun sollst du das Ersterben kennenlernen.«

ACH

Ach, noch in der letzten Stunde
werde ich verbindlich sein.
Klopft der Tod an meine Türe,
rufe ich geschwind: Herein!

Woran soll es gehn? Ans Sterben?
Hab ich zwar noch nie gemacht,
doch wir werd'n das Kind schon schaukeln –
na, das wäre ja gelacht!

Interessant so eine Sanduhr!
Ja, die halt ich gern mal fest.
Ach – und das ist Ihre Sense?
Und die gibt mir dann den Rest?

Wohin soll ich mich jetzt wenden?
Links? Von Ihnen aus gesehn?
Ach, von mir aus! Bis zur Grube?
Und wie soll es weitergehn?

Ja, die Uhr ist abgelaufen.
Wollen Sie die jetzt zurück?
Gibt's die irgendwo zu kaufen?
Ein so ausgefall'nes Stück

Findet man nicht alle Tage,
womit ich nur sagen will
– ach! Ich soll hier nichts mehr sagen?
Geht in Ordnung! Bin schon

IX   herzlich

In memoriam Wolf D. Rogosky

HERZ IN NOT

TAGEBUCH EINES EINGRIFFS
IN EINHUNDERT EINTRAGUNGEN

I PRÄ-OP

Vorgeschichte: Am Fuß der Treppe

Mann an der Treppe!
Ich kenne dein Zögern.
»Gibt's hier keinen Fahrstuhl?
War nur eine Frage...«
Dann setzt du den Fuß
auf die erste Stufe
und wünschst dir, es wär schon die letzte.

Vorgeschichte: Stummer Infarkt

Sind Sie der Herr Gernhardt?
Ich bringe die Rechnung
für knapp sechzig Jahre
gut Essen, schön Trinken,
stramm Schaffen, träg Sitzen,
hoch Fliegen, tief Sumpfen – :
Bitte hier, links oben, quittieren.

15. 5. 96 Routine-EKG

Herunter vom Schragen
schau ich auf die Linien.
Die Geraden und Zacken
fällen mein Urteil,
das ich arglos mustre,
doch da kommt schon mein Dolmetsch:
»Einen schönen guten Morgen, Herr Doktor!«

Beredter Körper

Manchmal, da sind sie
ja doch in der Lage
Klartext zu reden,
diese Körper.
Meinen zum Beispiel
hat wortwörtlich umgehaun,
was der Dolmetsch ihm aus dem EKG las.

Erinnerung an ein Unwohlsein in Montaio

Auf derselben Terrasse,
auf der ich die letzte
Zigarette ausgetreten hatte,
erreichte mich der Herzinfarkt.
Mit zehn Jahren Verspätung!
Ein weiterer Beleg
für die Unzuverlässigkeit der italienischen Pestzustellung.

Wandschmuck im Zimmer C513 des Krankenhauses Sachsenhausen,
F/M

Hie Boote und Dünen
und Brandung und Wolken.
Hie Blumen und Blätter
und Gräser und Stauden.
Hie Grausen, hie Folter.
Hie Spott, hie – »Verstehe!
Der Herr läge gerne im Städel!«

Vorzeichen

Ich lag kaum im Bett,
und der Professor
erklärte mir gerade
den Ernst der Lage,
da kreuzte im Fenster
ein Reiher die Kirchen
und Banken, und ich schöpfte Hoffnung.

Körper und Geist

Trau einer dem Körper!
Hat der nicht tagtäglich
sein Fläschchen gefordert
samt Kaffee und Cognac
und lehnt jetzt entgeistert
jegliche Schuld ab:
»Das war doch der da, der Geist!«

Er hört dem beleibten Arzt zu

Erzähl vom Verschleißen
Erzähl vom Verkalken
Erzähl vom Verengen
Erzähl vom Verschließen
Erzähl, was du willst,
nur erzähl du mir bitte
bitte nichts vom Verzichten.

17. 5. Er wartet auf den Herzkatheter

Ruhig Blut! Greif zur ›Geo‹!
Schalt ab und bewundre
auf Bildern der Maya,
wie Priester den Opfern
bei lebendigem Leibe
das Herz aus – gerechnet
jetzt wird mein Name aufgerufen!

Er betrachtet sein Herz via Katheter

Das ist mal was Neues!
Mein Herz auf dem Bildschirm!
Schwarz-weiß, doch der Arzt
sieht auch so schon genug:
»Da sieht's nicht gut aus
und da nicht und da nicht –
was ist? Ist Ihnen nicht gut?«

Glück gehabt

Gar nicht so einfach,
verarztet zu werden!
Der Weg unters Messer
führt über die »hot list«.
Dein Glück, daß du drauf kamst!
Bei besseren Werten
säh's schlecht für dich aus, mein Guter!

Er wartet auf einen Termin in der Kerckhoff-Klinik, Bad Nauheim

Bad Nauheim? Da war ich.
Viel Jugendstil, glaub ich.
Im Hallenbad bin ich
geschwommen. Nun soll ich
erneut hin. Verbindlich
erklär ich: »Natürlich
geh ich, wohin mich mein Herz trägt!«

Er preist die Vorsilbe »prä«

Präzises Präfix!
»Prä« präludiert
einem »operativ«, das
so lange präsent ist,
bis es im Präsens
des OP dich ereilt:
Als Prämisse für den postoperativen Zustand.

Beschwichtigung zum ersten

»Du, mittlerweile
ist das doch Routine!
Die legen dir Bypässe,
wie du es brauchst!
Der Walter hat sieben
und raucht schon wieder –«
Richtig Pech, daß ich Nichtraucher bin!

Beschwichtigung zum zweiten

»So ein Bypass, du,
ist was ganz Normales!
Der Manfred hat einen
und der Hans-Werner,
der Max und der Günter,
der Paul und« – Kein Wort mehr!
Man schämt sich ja regelrecht ohne!

Beschwichtigung zum dritten

»Fünf Tage drauf
saß X schon im Flieger.«
»Heute ist Y
fit wie ein Turnschuh.«
»Seither hat Z ständig – «
»Was?« »Ach, vergiß es!«
Das muß ich mir merken!

Kopf hoch

Was soll deine Sorge,
du müßtest zu früh gehn
und könntest das Ende
des Films verpassen?
Du bist doch der Star!
Mit deinem Abtritt
endet in jedem Fall *dein* Film.

Er studiert die »Herzkatheter-Sachkostenaufstellung«

»1 Rechtscoronarer
Katheter« – klingt schlüssig.
»1 Linkscoronarer
Katheter« – desgleichen.
Aber »1 Pigtail-
Katheter« – was soll das?
Wer macht hier eigentlich die Witze?

Er beschwichtigt sich

Nimm's nicht persönlich!
Es trifft gern Personen
wie dich: Männlich,
zwischen fünfzig und sechzig,
wichtig und übergewichtig –
was wär an so Wichten
denn Original zu nennen?

22. 5.   Er feiert ein Jubiläum

Eine Woche ohne Gifte!
Wieso läuten nicht die Glocken?
Wieso sinken nicht die Menschen
in die Knie und rufen: Heilig?
Wieso sagt mir nicht mein Körper:
»Danke, Meister. Das war riesig!
Aber nun: Abuse as usual!«?

23.5. Er liest die »Bild«-Zeitung

»Tod nach dem Füttern«:
Der Springreiter Ligges
wurde besprungen vom
stärkeren Reiter,
wurde bezwungen vom
härteren Gegner, vom
»berüchtigten Sekunden-Tod«.

Herz ist Trumpf

Herzliches Beileid
und herzlichen Dank!
Mit herzlichen Grüßen –
Nicht: Köpfliches Beileid
und bäuchlichen Dank!
Mit ärschlichen Grüßen:
Nur »herzlich« kommt wirklich von Herzen!

Dankbarer Dichter

Es schreibt übers Herz sich
sinnlich und schlüssig.
Funktion und Lage
des Organs sind jedem,
selbst Kindern bereits,
bekannt, ja geläufig –
zu denken, ich hätte es am Hypothalamus!

Telefonseelsorge

»Du mußt unters Messer?«
»Ich bin nicht der erste.«
»Du Armer, wie schrecklich!«
»Ach, Unkraut vergeht nicht!«
»Mir geht das sehr nah, du!«
»Kopf hoch! Wird schon schiefgehn!«
So getröstet empfiehlt sich der Anrufer.

Wieso ich?

Im Fahrstuhl die Kranken
sehn nicht sehr gesund aus.
Mit ihnen geht's abwärts:
Im Hof darf man rauchen.
Ich seh sie und hadre:
Wieso macht man mich auf
und nicht einen dieser qualmenden Klöpse?

Eine Nacht im Schlaflabor

Elektroden aus Gold,
über sie fließt mein Hirnstrom.
Ein Mikro am Hals
überträgt mein Geräusper.
Vorm Bildschirm die Schwester
überprüft, wann ich pinkle –
kein Prinzchen schlief je überwachter!

Kranke Stationshilfe

»Frau Tragica«, frag ich
(und sprech es wie »Tragik«)
»Wie geht's Ihrem Rücken?«
»Dem Rücken geht schlecht, Herr!
Ist völlig kaputt.«
Sie schüttelt das Bettzeug.
»Aber mein Nam spricht sich Tragiza.«

Er studiert einschlägige Anzeigen

»Plötzlich und unerwartet«
»Für uns alle unfaßbar«
»Mitten im Leben stehend«
»Im Alter von 58 Jahren«
»Erst 52jährig«
In jedem Fall: »Viel zu früh« –
Alles Männer und sterblich.

Er wird gelobt

»Alle Achtung!
Schön, die Vene!«
Stolz verfolge
ich den Blick der
Frau, die lächelnd,
fast verklärt,
ja richtig glücklich die Nadel einführt.

Stress-Echo-Untersuchung

»Wir werden Ihr Herz jetzt
chemisch belasten.
Das geschieht via Vene
in mehreren Stufen.
Sagen Sie uns,
wenn es unangenehm wird« –
Was, denkst du, heißt hier »wird«?

29. 5.   Eine Woche auf der »hot list«

Als der Baldy starb,
sagte der Fricke:
»Der hatte ja auch schon
drei Bypässe hinter sich.«
Irgendwie tröstlich,
daß ich die drei Bypässe
immer noch vor mir habe.

Psalm 61, Vers 3

»Hienieden auf Erden
rufe ich zu dir,
wenn mein Herz in Angst ist« –
so steht es in Schönschrift
links neben dem Kühlschrank,
den ich ungläubig öffne:
Reklame sogar in der Krankenhausküche!

31.5. Sudden Death in Forte dei Marmi

Ach Wolf, Freund und Werber,
wie schlagend dein Abgang!
Am Ziel einfach umfalln
für immer und ewig:
Das war derart schlüssig
wie nur irgendein Auftritt
einer deiner legendären Kampagnen.

Tote Freunde

Alles Gefällte,
mitten im Leben
und quer durch die Gegend:
Kurt Halbritter in Irland
Alfred Edel in Frankfurt
Wolf Rogosky in Italien –
Einzig die Unsicherheit ist sicher.

Wir Überlebenden

Sein wir mal ehrlich:
Mischt sich ins Grausen
Neid nicht? Ins Trauern
Dank nicht? Ins Klagen
Glück nicht? Ins Dunkel
Licht nicht beim Hören
der Nachricht vom plötzlichen Herztod?

1. 6. Samstagmorgen

Unfaßbare Mauersegler.
Unerhörte Luftpiraten.
Einer kühner als der andre
einer schneller als der andre
einer schriller als der andre
einer gesünder als der andre:
O wer da mitkreischen könnte!

2. 6. Sonntagmorgenandacht

»Bis hierher hat uns
Gott gebracht in
seiner großen
Güte« – vielleicht sollte
mal jemand dem Chor
im Haus-Sender stecken,
daß er vor Krankenhausinsassen singt.

Beim Anblick eines weinenden Kindes im Krankenhausflur

»Wer wird denn da weinen?
Mach doch mal den Mund auf!
Man tut dir nichts Böses.
Es geht gleich vorüber!«
Vorüber geht gar nichts.
Man tut dir was Böses.
Halt den Mund gut geschlossen, Kind!

3.6. Drogengurus Ende

Vor laufender Kamera
sei er gestorben,
Timothy Leary,
les ich, und habe
gekokst und geraucht
bis zuletzt und getrunken:
Kein Herzkranker hätte da mithalten können!

4.6. Frohe Botschaft

»Herr Gernhardt! Für Sie!
Eine herrliche Nachricht!«
Gesundet? Gerettet?
Im Lotto gewonnen?
Schwester Theresa
schwenkt jubelnd ein Schriftstück:
»Freitag um neun in Bad Nauheim!«

Nuklearmedizinisches Institut: Fototermin

Du findest es ätzend,
so lange zu liegen,
im Ohr FFH
und vor Augen die Zimmerdecke?
Nimm dir ein Beispiel
am stoischen Gleichmut
der dich langsam umrundenden Gamma-Kamera.

Nuklearmedizinisches Institut: Trouble für die MTA

»Was läuft denn da ab?
Ich krieg langsam die Krise!
Das Bild ist gespiegelt –
ich werde noch mal die
vier Punkte machen müssen!«
Und ich wollte grade
ein wenig Vertrauen in die Gerätemedizin fassen.

Nuklearmedizinisches Institut: Zweierlei Bildschmuck

Auf dem Bildschirm erblühn
blau-rote Blüten.
Ein Knopfdruck verwandelt
sie in grün-gelbe.
Wie farbig die Strahlung
in meinem Herzen!
Wie blaß daneben Edvard Munchs Mohnblumenaquarell!

Doktor und Dichter

»Todesangst –
Sie werden sie spüren.
Spätestens postoperativ«,
sagt der Doktor zum Dichter.
Der speichert die Worte
in der herzigen Hoffnung,
das Wort sei auch diesmal schon die Sache.

Nachtarbeit

Im Bett der Dichter
sucht dringend ein Beiwort:
vokalreich, zweisilbig,
Synonym für »bedrückend«.
Schon blickt er zur Nachtglocke,
da bremst ihn der Umstand,
daß die Nachtschwester leider Koreanerin ist.

Woran ich glaube

Nachtschwester Regina,
Koreanerin, glaubt an Gott.
Zu den Tabletten
legt sie gern Traktate,
in denen ihr Gott
Leid nicht stillt, sondern abgreift.
Da glaub ich doch lieber an Nachtschwester Regina!

Er hört HR 3

»Who needs a heart
when a heart can be broken« –
Ach, Tina Turner,
da fragst du noch, Herzchen?
Um mit sechzig noch mal
auf Tournee gehn zu können,
ist so 'n zerbrechliches Ding doch ganz brauchbar!

Er schämt sich

Eigentlich peinlich,
diese Erkrankung.
Dem Herz eines Bankers
mag die ja entsprechen.
Doch das Herz eines Dichters
schmerzt beim Befund,
es leide an der »Managerkrankheit«.

Er ärgert sich beim Lesen eines Handbuchs

»Aus psychologischer Sicht
ist die koronare Herzkrankheit
oft auch Ausdruck
für vorangegangene
seelische Engpässe«,
schreibt Dipl. psych. Petra Heisterkamp,
der ein intellektueller Bypass guttun würde.

7.6. In der Anmeldung der Kerckhoff-Klinik, Bad Nauheim

»Ein Einzelzimmer?
Mal sehn, ob eins frei ist.
Das hängt immer ab
von dem, was hier anfällt.
Den Vortritt haben
Transplant-Patienten.«
Und ich bin ja nur ein Bypass.

Wandschmuck in der Station HC 6

Was solln diese Drucke?
An den Wänden Kandinskis!
Einer verblasener
als der andre!
Dieser hirnlose Dreck
macht mich rasend: »Schwester!
Mei Nerve! Mei Troppe! Mei Herz!«

Erkenne die Lage

Hier kommst du als Prä-Op
und gehst als Post-Op.
Hier bist du noch Prä-Op
oder schon Post-Op.
Hier lauschen die Prä-Ops
gebannt den Post-Ops:
Die haben alle den OP hinter sich.

Im Atrium der Kerckhoff-Klinik

Zwei Post-Ops entblößen
stolz ihre Beine:
»Ist das eine Narbe?«
»Und erstmal meine!«
Sie sind voller Lob
für das Haus und sich selber:
»Hier wirst du nur operiert, wenn du topfit bist!«

Von Labor zu Labor

Willkommen bei Vampirs!
Hier blutsaugt nun jede.
Die sticht in den Finger,
die zapft aus dem Ohrlapp,
die piekt in den Arm,
und die hofft aufs Bein:
»Da nimmt man doch gern eine Vene raus!«

Selbstmordkommando

»Hier«, der Professor
malt einen Kringel,
»und hier«, er umkreist
ein andres Gefäß,
»hier ticken zwei Zeitbomben.«
Komplizenhaft nickt ihr
beiden: Du, Attentäter und Opfer.

Der Anästhesist stellt sich eine Frage

»Ich frage mich manchmal,
ob sensible Menschen
nicht trotz der Narkose
den Herzstillstand wahrnehmen
oder später erinnern,
Künstler zum Beispiel« –
»Ich werd mal die Augen offenhalten, Herr Doktor!«

Fritz, Freund und Augur

Hörte am Morgen
den Ruf des Grünspechts.
Sah am Mittag
den Flug des Grünspechts.
Erzählte am Abend
Freund Fritz vom Grünspecht:
»Seit alters der Vorbote der Nachtschwester, Robert!«

9. 6. Vortag: Ganzrasur

»Ich soll Sie rasieren.«
Schon fallen die Haare
der Beine, der Leisten,
der Arme, der Achseln,
der Brust. Erleichtert
konstatierst du: Den Nacken
rasiert er dir nicht aus, dein Scherge.

Vortag: Prognosen

Morgen um die Zeit
bin ich schon geöffnet.
Morgen um die Zeit
bin ich schon verarztet.
Morgen um die Zeit –
denke ich da schon
erleichtert an gestern um die Zeit?

Vortag: Merkzettel für den OP

»Bitte nicht mitbringen:
Geld, Schmuck, Uhren,
Papiere, Wertsachen« –
jetzt zählen nur noch
innere Werte:
Ein beherztes Herz
und brauchbare Venen.

Trösterin Kunst

Am Bett eine Karte:
»Max Schmitt im Einer«
von Thomas Eakins
ist eins jener Bilder,
das der Menschheit mal mildernde
Umstände einbringt,
falls Gott so was wie ein Herz hat.

Stets drohender Rausschmiß

Das alles, das Malen,
das Schreiben, das Singen,
scheint hell nur vor
der Folie des Dunkels,
aus dem wir jüngst kamen,
in das wir jäh gehen:
»Sie könn' hier nicht ewig nach Sinn suchen, Sie!«

Dichterlos

Es hat der Tod
einen Stachel für jeden
und einen speziell
für jene, die schreiben:
Zu wissen, man wird
was erleben und kann
ums Verrecken nicht mehr darüber berichten.

Vorabend: Moment der Besinnung

Der letzte Abend
der Unversehrtheit,
der Körperunschuld,
der Körperdummheit.
Morgen abend werd ich
ein anderer sein.
Versehrter bestimmt. Auch verständiger?

Vorabend: Bei Betrachtung des OP-Hemdes

Es hat das OP-Hemd
keinerlei Taschen.
Es ist strahlend weiß
und hinten zu schließen.
So, besitzlos und rein,
trät' man gern vor den Herrgott –
nur bitte nicht gleich und sofort.

Vorabend: Volles Programm

In Manchester hat
Berti Vogts Team gewonnen.
In Paris ist Stich
am Russen gescheitert.
In Bad Nauheim löscht Gernhardt
den Fernseher und
wirft schon mal zwei Rohypnol ein.

Nach der Einnahme von zwei Rohypnol

Man sagt, dieses Zeug
mache wurschtig und sorglos.
Oder war's sinnlos,
haltlos und witzlos?
Ist mir so was von wurscht!
Weshalb sich groß sorgen
um Sinn, Halt und Witz?

10. 6. Am Morgen der Operation

Bei so schönem Wetter
sollte man eigentlich
im Freien operieren,
auf blühender Wiese,
die Stirnen umkränzt
von Blüten: »Schwester –
binden Sie doch mal bitte die Primel hier ab!«

II POST-OP

Er wacht in der Intensivstation auf

Bett an Bett
Herr Atatt, Herr Gernhardt.
Herrn Gernhardt geschieht,
was Herrn Atatt geschehn ist.
Grad wird Herr Atatt
extubiert. Befremdet
lauscht Herr Gernhardt den Lauten, die er gleich ausstoßen
                                                     wird.

Der Oberarzt beschert ihm eine Anekdote

Als man Herrn Gernhardts
Kehle die Röhre
entzog und er flüsterte:
»Jetzt kann ich ja wieder
Dichterlesungen abhalten« –
da sprach's aus dem Dunkel:
»Dann fang' Sie doch mal gleich mit dem ›Arnold Hau‹ an.«

Vorfall zum ersten: Der Reanimierer erzählt

»Sie sind plötzlich umgekippt.
Zufällig noch in der Intensivstation.
Ich hatte zufällig
meinen Pacemaker dabei.
Sie waren einfach weg.
Ich hab Sie zweimal gepaced« –
lacht mein Programmierer und winkt mit der Fernbedienung.

Vorfall zum zweiten: Der Oberarzt erklärt

»Da haben wohl Ihre
Elektrolyte verrückt gespielt.
Da lag eine rare
Unverträglichkeit vor.
Kalium plus Beta-Blocker
kann in seltenen Fällen« –
Befremdet spür ich, wie Stolz in mir aufkeimt.

Vorfall zum dritten: Letzte Fragen

»Und? Was gesehn?
Das Licht am Ende
des Tunnels? Was durchlebt?
Deine Vita, die vor
deinem geistigen Auge
im Zeitraffer« – »Nichts.
Muß wohl in die falsche Richtung geguckt haben.«

Vorfall zum vierten: Kränkung

Als ich den Freund,
der selber gern kränkelte,
anrief und ihm
en passant auch von meinem
Herzstillstand berichtete,
fragte der gekränkt:
»Was ist? Willst jetzt angeben?«

Vorfall zum fünften: Wer weiß

Vielleicht werd ich einst
mich voll Wehmut erinnern
an den heutigen Vorfall.
Vielleicht heißt es einst:
»Nach langer, schwerer Krankheit«,
und nicht, wie's heut hieße:
»Plötzlich und unerwartet.«

15.6. Er liest Thomas Bernhard »Alte Meister«

»Ja, ja, sagte Reger,
der Sekundenherzschlag
ist ein beneidenswerter
Tod. Hätten wir selbst
nur einmal den Sekunden-
herzschlag, wir hätten
das größte Glück, sagte er.«

Zwischenbilanz

Prä-Op, Post-Op –
zwei Zeiten, zwei Welten.
Hat was von Fronterlebnis.
Hat was von Feuertaufe.
Vorher will man's wissen,
hinterher ist man klüger
und reduziert die Erfahrung auf das Wörtchen »Scheißkrieg«.

Visite zum ersten

Die tapern durch Flure
in Pyjamas, im Turnzeug,
die eilen durch Zimmer
in blendendem Weiß –:
Das sind zwei Klassen,
nein Rassen, nein Arten:
Die Aufgeschnittenen und die Aufschneider.

Visite zum zweiten

»Da haben Sie Schmerzen?
Da unten am Knöchel?«
Erwartungsvolles Nicken.
»Deshalb entnehme *ich*
die Vene immer ein Stück
oberhalb des Knöchels.«
Achselzuckendes Seufzen.

Visite zum dritten

Chirurgen, Klempner –
zwei Berufe, ein Blick.
Sie sehn deinen Körper,
sie sehn deine Küche
und fragen entgeistert
vor Narbe, vor Leitung:
»Wer hat Ihnen die denn gemacht?!«

Visite zum vierten

»Herr Doktor, diese Geräusche –«
»Bin Pfleger, kein Doktor.«
»Frau Doktor, diese Geräusche
am Herzen –« »Bin Praktikantin.«
»Als ob da ein Tierchen
an den Gefäßen nagte –«
»Fragen Sie Ihren Arzt oder Kammerjäger!«

Der Tag des Post-Op: Morgens

Post-Op-Schmerzen
sind Indianer,
überfalln dich, wenn's tagt.
Verteidigung zwecklos,
sie sind längst im Blockhaus,
um – von wegen lautlos! –
mit Geheul deinen Schlaf zu skalpieren.

Der Tag des Post-Op: Mittags

Wofür hält sich mein Körper?
Was glaubt er eigentlich,
mit wem er's zu tun hat?
Eine Stunde fürs Pinkeln!
Hab schließlich meine
Zeit nicht – »Doch. Hast.
Husch, husch, zurück aufs Töpfchen!«

Der Tag des Post-Op: Abends

Blumen des Bösen:
Wie er leidend und müde
hinsinkt aufs Pfühl,
geschwächt, blüht dem Körper
die Herpes. Ohnmächtig
erträgt er das Jucken
und nennt diese Flora: hinternhältig.

Das auch

Es quillen auch Tränen.
Die Anlässe: fließend.
Ein Foto von Wolf,
ein Erinnern der Toten,
ein Druck jener Hand,
die das Wasser in den Vasen
wechselt und meine Hand festhält.

Dreifach genetztes Tüchlein – Quiz

Auf der Fingerkuppe
stillt es die Blutung.
Ans Aug geführt
trocknet es Tränen.
Rasch die Stirn getupft,
und wir halten in Händen
das Versprechen eines zu erratenden britischen Staatsmannes.

Er wünscht sich einen Fotografen herbei

Von Tag zu Tag seh ich,
wie sich im Spiegel
ein Gesicht entwickelt:
Das eines Großes Leidenden
Das eines Vieles Wissenden
Das eines Tiefes Schauenden –
Das Gesicht fürs Feuilleton und für die Gesammelten Werke.

Vom Ich zum Wir

Millionen umschlingt schon
ein einigend Band:
Ich leide, du leidest,
er leidet: Wir leiden.
Sie haben gelitten,
ihr werdet noch leiden:
Unser Orden wächst Tag für Tag.

Praktikantin Pega

Groß ist die Medizin
der weißen Männer.
Klein ist Pega
und von persischem Schwarz.
Wer hat ihr beigebracht,
daß man Menschen auch streicheln kann?
Ein weißer Medizinmann jedenfalls nicht.

Es geht aufwärts

Genesen bedeutet
drei Stufen steigen,
zweimal straucheln,
einmal fallen.
Es geht zwar bergauf,
doch es gibt Augenblicke,
da ersehnst du die Mühen der Ebene.

Lauter Abschiede

So nach und nach bleiben
ich und mein Körper
allein. Fort die Röhren,
Drainagen, Katheter.
Nur diese zwei Drähte,
die ragen noch aus mir,
und die zieht die Ärztin mir iiiitzt.

Mensch Monster

Schon gut, daß der Mensch
zum Großteil bedeckt ist.
Aus Frankenstein wird so
wieder Herr Gernhardt.
Nur noch der Anfang
der Narbe im Ausschnitt
des Pullis verrät was vom Monster darunter.

Krankengymnastik zum ersten

Unter lauter bleichen
hinfäll'gen Greisen
ein strahlender Jungmann:
Der alles begreift,
der alles erfüllt,
der als erster einhält,
als ihn das Strampeln ermüdet.

Krankengymnastik zum zweiten

Inmitten der Erstarkenden
sie, die von Schwäche redet:
»Bin schon zum zweiten Mal hier.
Mein Bypass war nach einem Jahr zu.
Bei der Dilatation dann
platzte die Vene – «
»Ob der Klinsmann heut' fit ist?« fragt mich eifrig der
Nachbar.

Er kalauert

Als der Dichter erfuhr,
er werde sein Leben lang
Aspirin essen müssen,
da bat er, man möge
den allfälligen Nachruf
auf den Satz reduzieren
»Er aß Pirin.«

Die Ärztin ermahnt

Freundliches Gebot,
ich dürfe drei Monate lang
nichts heben, was schwerer
wiegt als vier Kilo:
»Ich wüsch gern mit ab,
doch Handtuch *plus* Teller
dürften leider mein zulässiges Gesamtgewicht überschreiten.«

Letzte Visite

»Guten Morgen, wie geht's denn
unserem Starpatienten?«
Der Starpatient schämt sich,
daß ihm so flau ist.
Den Glanz des Stars
darf der Patient nicht verdunkeln:
»Von Tag zu Tag besser, Herr Professor!«

21.6. Entlassung

Letzter Tag
im ersten Haus,
dem ich mich ganz öffnete.
Möge es auch
das letzte bleiben,
das von sich sagen kann:
Mir hat er sein Herz entblößt.

Vorläufiges Fazit

Das Leben hat mir
die Instrumente gezeigt.
Ich habe genickt,
zum Zeichen, daß ich begriffen habe.
Seither sinne ich,
wie ich das Leben austricksen kann.
Beifällig nickt dazu Gevatter Tod.

ALPHABETISCHES VERZEICHNIS
DER GEDICHTANFÄNGE
UND -*ÜBERSCHRIFTEN*

1 Rechtscoronarer   219

15.5.96 Routine-EKG   213

17.5. Er wartet auf den Herzkatheter   216

22.5. Er feiert ein Jubiläum   219

23.5. Er liest die »Bild«-Zeitung   220

29.5. Eine Woche auf der »hot list«   223

31.5. Sudden Death in Forte dei Marmi   224

1.6. Samstagmorgen   225

2.6. Sonntagmorgenandacht   225

3.6. Drogengurus Ende   226

4.6. Frohe Botschaft   226

7.6. In der Anmeldung der Kerckhoff-Klinik, Bad Nauheim   229

9.6. Vortag: Ganzrasur   232

10.6. Am Morgen der Operation   235

15.6. Er liest Thomas Bernhard »Alte Meister«   241

21.6. Entlassung   248

Abendliche Tagesschau   168

Abends zählt er seine Leiden   91

Ach   206

Ach, noch in der letzten Stunde   206

Ach, so geht das Nacht für Nacht   35

Ach Wolf, Freund und Werber   224

Alb der Welt   43

All die schönen Frauen   177

Alle Achtung   222

Allein, daß sie auf vier Beinen laufen   121

Alles Gefällte   224

Alles über den Künstler   87

Alles wird anders   53

Als aber in der finsteren Nacht   30

Als am 4.4.96 der Winter zurückkehrte   73

Als der Baldy starb   223

Als der Dichter erfuhr   247

Als die Mutter deines Sohnes   179

Als er aber den Baum endlich rausstellte   67

Als er am Abend des 5.3.1996 vor dem Haager Mauritshuis stand   115

Als er die ersten Kritiken nach dem Erscheinen des Romans »Ein weites Feld« las 104

Als er sich auf einem stillen Örtchen befand 165

Als er zwei Riesenschnauzer betrachtete 121

Als ich den Freund 240

Als man Herrn Gernhardts 239

Am Bett eine Karte 233

Ankunft in Montaio (23. 8. 95) 34

Annas Gans 128

annas gans aast 128

atens betens cetens 127

Auch ich habe einen Feind 42

Auf dem Bildschirm erblühn 227

Auf der Fingerkuppe 244

Auf derselben Terrasse 214

Aus dem Innern des Verteilers 96

Aus psychologischer Sicht 229

Ausgesetzt im Meer der Wachheit 36

Bad Nauheim? Da war ich 217

Ballade vom großen Möbelhaus am Montagvormittag 162

Ballade von der Lichtmalerei 116

Beginn der Sommerzeit 96 72

Bei so schönem Wetter 235

Bei Vampirs 24

Beim Anblick eines weinenden Kindes im Krankenhausflur 225

Beredter Körper 214

Beschwichtigung zum dritten 218

Beschwichtigung zum ersten 217

Beschwichtigung zum zweiten 218

Betrachtend den Ostersee 124

Betritt der alte Dichter den Raum 92

Bett an Bett 239

Bettler in der Fußgängerzone 167

Bildunterschriften 182

Bis hierher hat uns 225

Bist Nehmender, bist Gebender 124

Bitte an durchreisende Verehrer 52

Bitte nicht mitbringen 233

Blau und grün 63

Blumen des Bösen 244

Bodenseereiter 107

Bonn 175

Boris Becker besiegt Andre Agassi am 7.7.1995 in Wimbledon   179

Bringt eure Mädchen mit   52

Bruder Otter   76

Brüssel   175

Chirurgen, Klempner   242

Choral   60

Couplet von der Erblast   181

Da fährt man nun so weit   192

Da geht so 'n junges Mädchen durch den Speisewagen   141

Da gibt es die, die schlagen   151

Da haben sie also Scheiß gebaut   171

Da haben Sie Schmerzen   242

Da haben wohl Ihre   240

Da seh ich ihn durch die Panoramascheibe   45

Dämmerung   79

Dankbarer Dichter   220

Das alles, das Malen   233

Das Alter klopft an meine Tür   51

Das auch   244

Das Dunkel   203

Das Frühstück gibt's in der Frühe   158

»Das Frühstückszimmer«   158

Das ist mal was Neues   216

Das Kraftwerk da vorne   65

Das Leben hat mir   249

Das Leben ist ein Fenster   193

Das nennt man nicht eigentlich suchen   15

Das Strafrecht kennt harte Strafen   158

Das Vöglein, das die Luft durchschifft   122

Daß so etwas Schönes immer wieder entsteht   122

Den Friedhof im Vorfrühling meide der Dichter   93

Der alte und der junge Dichter   92

Der Anästhesist stellt sich eine Frage   231

Der Baldy oder Ein verwirrender Moment auf dem Stuttgarter Hauptbahnhof   190

Der Dichter   91

Der Dichter fährt von Freiburg nach Basel   125

Der frohe Vogel   122

Der gar nicht so arme BB   126

Der geistliche Bach ist gewaltig   98

»Der große Tagungsraum ›Köln‹«   158

Der heiße Tag. Das Summen wilder Bienen   10

253

Der ICE hat eine Bremsstörung hinter Karlsruhe 142

Der ICE passiert Günzburg 133

Der ICE verläßt Frankfurt/Main um 14 Uhr 30 136

»Der kleine Tagungsraum ›Essen‹« 159

Der Knall. Der bittre 152

Der Künstler geht auf dünnem Eis 87

Der lange Weg nach Büdingen 147

Der letzte Abend 234

Der letzte Gast 205

Der Maler Pablo Picasso schreibt an seinen Kunsthändler Daniel-Henry
    Kahnweiler 110

»Der Marktplatz« 159

Der Marktplatz von R.? Ein Juwel 159

Der Nachbar zeigt auf das Fenster 182

Der Oberarzt beschert ihm eine Anekdote 239

Der Schwamm ist ausgedrückt 113

Der Sohn führt den Vater durch die neue Wohnung 164

Der sprang so leicht von der Fähre 123

Der Tag des Post-Op: Abends 244

Der Tag des Post-Op: Mittags 243

Der Tag des Post-Op: Morgens 243

Der war anders als ihr 126

Der Wunsch, sich schon um sechs Uhr zu besaufen 120

Der ziemlich arme GB 126

Derrick 177

Diät-Lied (Mit Ohrfeigenbegleitung) 39

Dichterlos 234

Dichters Dilemma 124

Die Alten 154

Die Ärztin ermahnt 248

»Die Bar Tatü-Tata« 158

Die dicke Zeitung 183

Die Geburt 30

Die Magd hat den Milchkrug abgestellt 115

Die meisten Möglichkeiten 50

Die Nachbarin 191

Die Nachbarin, die hüstelnd die Treppe fegt 191

Die Schwachheit der Wachheit 36

Die tapern durch Flure 242

»Die Trabrennbahn« 159

Die trug sehr schwer an ihren Brüsten 19

Dies ist mein Schreibtisch   102

Diese reizenden Blumengebinde   144

Dieser süßliche Stank in den Fluren   159

Dieses Kreischen um fünf   37

Doktor und Dichter   227

Dreiakter   193

Dreifach genetztes Tüchlein – Quiz   244

Du also hast schon vor Beeren gekniet   81

Du bist jung   120

Du findest es ätzend   226

Du öffnest die Tür   29

Du, Klee, fühltest dich nicht vom Volk getragen   109

Du, mittlerweile   217

Du mußt unters Messer   221

Duett der Hölle   123

Duisburg Hbf   137

Durch   123

Durch die Landschaft geht ein Strich   123

Durch einen Fehler im Weltenplan   200

Eigentlich nicht   15

Eigentlich peinlich   229

*Ein ebenso informatives wie interessantes Gespräch mit der Berliner Akademie der
    Künste am Hanseatenweg 10*   99

Ein Einzelzimmer   229

Ein Gast   51

Ein Gedicht ist rasch gemacht   124

Ein Glück   196

Ein guter Abend, um Pflaumen zu schneiden   9

»Ein Hotelzimmer«   158

Ein Künstlerleben   90

Ein Mann wollte schnellstens von A nach B   107

Ein Schritt vom Wege   148

Ein tristes Kapitel, die Alten   154

Ein Uhr und noch nichts geschafft   120

Eine Nacht im Schlaflabor   221

Eine Woche ohne Gifte   219

Eine Zeitlang war Peter Handke das Thema   97

Einer liest einen Briefwechsel   35

Einer schreibt der Berliner Republik etwas ins Stammbuch   170

Einer überdenkt einiges   27

Elektroden aus Gold   221

255

Enttarnt 200

Enzensbergers Exeget 130

enzensbergers exeget hechelt 130

Er ärgert sich beim Lesen eines Handbuchs 229

Er beobachtet ein Paar auf der Fahrt Nürnberg–Regensburg 135

Er beschwichtigt sich 219

Er betrachtet sein Herz via Katheter 216

Er glaubte gut zu sein 90

Er hört dem beleibten Arzt zu 215

Er hört HR 3 228

Er kalauert 247

Er preist die Vorsilbe »prä« 217

Er schämt sich 229

*Er sieht einen jungen Dichter vorbeigehen oder Eine glänzend geglückte
   Gegendarstellung* 45

Er studiert die »Herzkatheter-Sachkostenaufstellung« 219

Er studiert einschlägige Anzeigen 222

Er und ich 56

Er wacht in der Intensivstation auf 239

Er wartet auf einen Termin in der Kerckhoff-Klinik, Bad Nauheim 217

Er wird gelobt 222

Er wünscht sich einen Fotografen herbei 245

Erinnerung an ein Unwohlsein in Montaio 214

Erkenne die Lage 230

Erstmals sind die Älteren 170

Erzähl uns, Steffi, wie hast du gespielt 178

Erzähl vom Verschleißen 215

Erzählungen 169

Es, es, es und es 195

Es geht aufwärts 246

Es geht ständig aufwärts 145

Es ging die ganze Zeit an Korsika entlang 80

Es hat das OP-Hemd 234

Es hat der Tod 234

Es ist nicht schön, wenn man begreift 195

Es quillen auch Tränen 244

Es schreibt übers Herz sich 220

Euch Frauen all, die ich begehrt 23

Fabel 67

Frankfurt/Main–Zürich 5.5.95, im Gegenlicht 138

»Frau Tragica«, frag ich 222

Freier Fall oder Bungee-Jumping – Nein danke 55

Freundinnen im Speisewagen Karlsruhe–Kehl, 27.10.1995 134

Freundliches Gebot 248

Fritz, Freund und Augur 232

Frühes Glück 50

Fünf schlichte Gedichte zu einem komplexen Thema 13

Fünf Tage drauf 218

Gar nicht so einfach 216

»Gastlichkeit in Recklinghausen« 158

Geh ich eilig aus dem Haus 167

Gehen und Schreiben und Fernsehen 33

Geleit-Worte 119

Gemütsmenschen 65

Genesen bedeutet 246

Geschehen und gesehen 113

Gespräch mit dem Wolf 26

Gespräch mit einem Studienfreund, heute Führungskraft 156

Gespräch über Schönheit 122

Gestrafte Männer 25

Gittis Hirsch 129

gittis hirsch hinkt 129

Glaubte, Baldy aus dem ICE aussteigen zu sehen 190

Gliederung 127

Glück gehabt 216

Good News aus Nürtingen 109

Gott straft die Männer, die schweratmend 25

Gottesurteil 23

Groß ist die Medizin 245

Gudruns Luchs 129

gudruns luchs knurrt 129

Gut und lieb 184

Guten Morgen, wie geht's denn 248

Heia Safari 88

Herr Doktor, diese Geräusche 234

Herr Gernhardt! Für Sie 226

Herr mit grauen Schläfen 121

Herunter vom Schragen 213

Herz in Not 209

Herz ist Trumpf 220

Herz und Hirn 21

Herzliches Beileid 220

Heute, morgen, übermorgen 121

Hie Boote und Dünen 214

Hienieden auf Erden 223

»Hier«, der Professor 231

Hier im Bad ist eine Kachel lose 164

Hier kommst du als Prä-Op 230

Hier scheint der Kleinmut zuhaus 143

Hinter der Tür 29

Hiob im Diakonissenkrankenhaus 57

Horch! Es klopft an deine Tür 95

Hörte am Morgen 232

Hotel »Europäischer Hof« 173

Ich biete dir die Kehle dar 24

Ich frage mich manchmal 231

Ich freu mich auf mein Frühstück 39

Ich fühl mich meinem Leben so verbunden 194

Ich habe stets von ihm gewußt 56

Ich lag kaum im Bett 215

Ich sah mich in Situationen 44

Ich soll Sie rasieren 232

Idiotische Fragen 28

Ihm wird der Park zum Paradies 18

Ihr habt mir tags von Gott erzählt 57

Im Atrium der Kerckhoff-Klinik 230

Im Bett der Dichter 228

Im Bord-Restaurant oder Aufklärung – Nein danke 144

Im Dämmer die Katzen, sie spielen 79

Im Fahrstuhl die Kranken 221

Im Kreis kreisen 187

Im Nebel 71

Im Schatten der von mir gepflanzten Pinien 205

Im Spiegel 44

In China wurde eine Rakete gestartet 175

In der Bar ist nachts der Bär los 158

In Deutschland fand man jetzt den Dreh 175

In Manchester hat 235

In Nürnberg ging's auf Reisen 135

In R. ist jeder am Flüchten 159

In Wales strandete die »Sea Empress« 175

Inmitten der Erstarkenden 247

Ins große Möbelhaus am Montagvormittag 162

Inventur 96 oder Ich zeig Eich mein Reich 102

Irgendwann 47

Irgendwann, da hat man es 47

Ist das Herz auf dem Sprung, ist das Hirn auf der Hut 21

Italien – Mexiko, Fußball-WM, 28.6.94 11

Ja damals 20

Ja, ja, sagt Reger 241

Jetzt bin ich schon in dem Alter 121

Jetzt wäre ich ungern Günter Grass 104

Jüngling im Park 18

Kaum atmest du wegen der Eichen auf 68

Klage 120

Kleine Maid 17

Klinik-Lied 58

Knabberwix 119

Knastbrüder 98

Kollegialer Rat 124

Köln – F/M 141

Kommt, das gute Brot des Nordens 184

Kopf hoch 218

Körper und Geist 215

Kranke Stationshilfe 222

Krankengymnastik zum ersten 247

Krankengymnastik zum zweiten 247

Kulturbetrieb 96

Kunst und Leben 89

Kurze Rede zum vermeintlichen Ende einer Fliege 78

Kurznachrichten 175

Lauter Abschiede 246

Leg etwas in das Licht und schau 116

Lese ich vom kranken Kind 167

Letzte Visite 248

Letzter Tag 248

Letztlich 125

Letztlich ist alles Dichten nur 125

Lied des Mädchens 16

Lied des Mädchens in der Kurzfassung für den eiligen Gedichtleser 17

Liegengebliebene ›Zeit‹ auf der Ferienterrasse 183

Lila umflammt der Flieder die Hütte 142

Links Schatten, rechts Lichter 125

Litanei vom Schmerz 197

London 175

Mal wieder in München 20

Malewitsch malte ein schwarzes Quadrat 112

Man kennt mich in Graz 38

Man sagt, dieses Zeug 235

Manchmal, da sind sie 214

Mann an der Treppe 213

Männer, das ist was 16

Mein Blick fällt aufs 165

Mein Feind 42

Mein Nachbar erzählt mir von seinem Leid 169

Memento 93

Mensch Monster 246

Mensch, wo ist dein Bruder Otter 76

Menschen in ihrem Irrsinn 176

Menschen kleiden sich gern bunt 203

Merkvers 121

Mich an deiner Klugheit zu berauschen 22

Millionen umschlingt schon 245

Mißerfolg. Waisenkind 43

Mönchengladbach, Lettow-Vorbeck-Straße 160

Morgen um die Zeit 232

Morgendlicher Ausgang 167

Nach der Einnahme von zwei Rohypnol 235

Nachdem er die Kölner Malewitsch-Ausstellung gesehen hatte 112

Nachmittag eines Dichters 95

Nachtarbeit 228

Nachtschwester Regina 228

Nah schwach lieb groß 54

Natur-Blues 68

Nicht von weither grüßt Büdingen 147

Nimm's nicht persönlich 219

Noch einmal treibende Wärme 101

Nuklearmedizinisches Institut: Fototermin 226

Nuklearmedizinisches Institut: Trouble für die MTA 227

Nuklearmedizinisches Institut: Zweierlei Bildschmuck 227

Nun alles wieder weiß 73

Nun trägt man schon Körperteile 173

Nur die Nähe bringt uns näher 122

O Herre Christ, erbarm 60

Ohne Geheimnis die Welt 140

Olbia – Livorno 80

Ostfriesische Romanze 119

Ottos Mops ond so fort 128

Peking 175

Pfadfinder 148

Plakatsäule am Heimweg 167

»Plötzlich und unerwartet« 222

Post-Op-Robert 59

Post-Op-Schmerzen 243

Prä-Op, Post-Op 241

Praktikantin Pega 245

Präzises Präfix 217

Profunder Schmerz 197

Prognose 120

Psalm 61, Vers 3 223

Rat 94

Ritter, Tod und Teufel 202

Roß und Reiter 194

Rot aus dem Grau 137

Rückgabe-Antrag 48

Ruhig-Blut! Greif zur ›Geo‹ 216

Sag an, wann haben sie dich gebaut 99

Salut 123

Schau ich aus dem Fenster raus 63

Schaut euch mal den Robert an 59

Schneiden und Scheiden 9

Schon gut, daß der Mensch 246

Schön ruhig bei den Reichen 160

Schön streckt das Land sich 138

Schön und gut 74

Schön, so in den Wald zu schauen 74

Schöne Stewardess von der KLM 146

Sehe ich die Leichen all 168

Sehe ich die Lepra-Frau 167

Sehr geehrter Kunsthändler Kahnweiler 110

Sein wir mal ehrlich 224

Seine Lenden, seine Spalten 94

Selbstmordkommando 231

Septembersee 81

Sie sind plötzlich umgekippt 239

Sind schon tröstlich: Nahe Hügel 54

Sind Sie der Herr Gernhardt 213

So 201

So, an die Wand gestellt des Lebens 201

So ein Bypass, du 218

So lieg ich hier 58

So nach und nach bleiben 246

Sonntag in Lübeck 161

So viele Jahre ohne Tier schon 75

So viele Räusche getrunken 126

Spätantike Männerkreise 181

Stadtsommer (9. 8. 95) 19

Stapf nur, postmoderner Künstler 88

Steffi Graf-Gospel oder Die Frankfurter Allgemeine Zeitung zitiert die Brühlerin
    nach deren Spiel gegen Gabriela Sabatini am 7. 6. 1995 178

Stehe ich vorm Bettlerhut 167

Steigen und Schauen landab und landauf 106

Stets drohender Rausschmiß 233

Stress-Echo-Untersuchung 223

Tageslauf 167

Telefonseelsorge 221

Themawechsel 97

Tief in mir den Körper des Knaben 48

Tier und Mensch 75

»Tod nach dem Füttern« 220

Todesangst 227

Tote Freunde 224

Trau einer dem Körper 215

Traum im Amazone-Village 192

Trösterin Kunst 233

Tu's noch einmal, Benn 101

Tut mir leid, meine Liebe, du wirst jetzt gleich hin sein 78

U-Bahnhof Miguel-Adickes-Allee, 15 Uhr 30 152

Über den Semmering nach Mürzzuschlag 145

Und? Was gesehn 240

Und er dachte an die Fraun in seinem Leben 27

Und wieder mal an jenem Tisch 34

Unfaßbare Mauersegler 225

Unpassende Erinnerung während eines Klassentreffens 22

Unperson 38

Unsichtbar sind Steg und Weiher 71

Unter lauter bleichen 247

262

Verständlicher Wunsch 120

Viel und leicht 83

Viel zu lang mit fremden Leben 53

Vielleicht werd ich einst 241

Visite zum dritten 242

Visite zum ersten 242

Visite zum vierten 243

Visite zum zweiten 242

Volkes Stimme, 1994 171

Vom Fuchs und dem Eichelhäher 122

Vom Ich zum Wir 245

Von allem viel. Viel Birne, viel Zwetschge 83

Von Gleich zu Gleich 157

Von Labor zu Labor 231

Von Tag zu Tag seh ich 245

Vor dem Start Zürich – Amsterdam 146

Vor laufender Kamera 226

Vorabend: Bei Betrachtung des OP-Hemdes 234

Vorabend: Moment der Besinnung 234

Vorabend: Volles Programm 235

Vorfall zum dritten: Letzte Fragen 240

Vorfall zum ersten: Der Reanimierer erzählt 239

Vorfall zum fünften: Wer weiß 241

Vorfall zum vierten: Kränkung 240

Vorfall zum zweiten: Der Oberarzt erklärt 240

Vorfrühlingstag, kahl und durchsichtig 72

Vorgeschichte: Am Fuß der Treppe 213

Vorgeschichte: Stummer Infarkt 213

Vorläufiges Fazit 249

Vortag: Merkzettel für den OP 233

Vortag: Prognosen 232

Vorzeichen 215

Wandschmuck im Zimmer C 513 des Krankenhauses Sachsenhausen, F/M 214

Wandschmuck in der Station HC 6 230

Wäre ich schwul 11

Wärme, Stille, Kühle 10

Was der Tag bringt 37

Was es alles gibt 151

Was ihn beschäftigt 89

Was läuft denn da ab 227

Was soll deine Sorge 218

Was solln diese Drucke 230
Weltweit die Reichen 157
Wenn Dichter einen Ausflug machen 106
Wenn du so cool bist und so schick 156
Wenn man es nicht schon wär 136
Wenn vor dem Ball die Jugend sich sammelt 153
Wenn's denn nach unten gehen soll 55
Wer bist du? 124
Wer wird denn da weinen 225
Wetterwand 70
Who needs a heart 228
Wie edel dieses Grau da tut 70
Wie hilflos der Spatz auf der Straße liegt 196
Wie oft schon hast du so geschaut 28
Wie sie kauend durch 161
Wieder an Günzburg vorbei 133
Wiener Anwandlung 153
Wieso ich? 221
Willkommen bei Vampirs 231
Wir sind schon ein wilder Haufen 188
Wir sind wir 188
Wir Überlebenden 224
Wir werden Ihr Herz jetzt 223
Wir ziehen enge Kreise 187
Wo kommst du her 26
Wofür hält sich mein Körper 243
Woran ich glaube 228
Worte rauschen durch die Rüb' 119
Wozu lädt das breite Bett ein 158
Zeige deine Wunde 202
Zeitungslektüre im Wartezimmer 167
Zur gleichen Zeit, da ich von meinem Hügel 33
Zürich – Frankfurt/Main 6.5.95, mit Rücklicht 140
Zurück aus dem Wald 66
Zurück zur Unnatur 66
Zwei Äuglein auf der Fahrt nach Kehl 134
Zwei Leben werden enggeführt 119
Zwei Motocross-Maschinen 123
Zwei Post-Ops entblößen 230
Zwischen Mannheim und Groß Gerau 143
Zwischenbilanz 241

Robert Gernhardt

Der letzte Zeichner
Aufsätze zu Kunst und Karikatur
Band 14987

Die Blusen des Böhmen
Geschichten, Bilder, Geschichten in Bildern
und Bilder aus der Geschichte
Band 13228

Es gibt kein richtiges Leben im valschen
Humoresken aus unseren Kreisen
Band 12984

Glück, Glanz, Ruhm
Erzählung, Betrachtung, Bericht
Band 13399

In Zungen reden
Stimmenimitationen von Gott bis Jandl
Band 14759

Körper in Cafés
Gedichte
Band 13398

Lichte Gedichte
Band 14108

Fischer Taschenbuch Verlag

fi 555 034 / 1 / a

Robert Gernhardt

Über alles
Ein Lese- und Bilderbuch
Band 12985

Wege zum Ruhm
13 Hilfestellungen für junge Künstler und 1 Warnung
Band 13400

Weiche Ziele
Gedichte 1984-1994
Band 12986

Wörtersee
Gedichte
Band 13226

Robert Gernhardt / F. W. Bernstein
Besternte Ernte
Gedichte
Band 13229

Robert Gernhardt / F. W. Bernstein
Hört, hört!
Das WimS-Vorlesebuch
Band 13227

Robert Gernhardt / F. W. Bernstein / F. K. Waechter
Die Wahrheit über Arnold Hau
Band 13230

Fischer Taschenbuch Verlag

fi 555 034 / 1 / b

Robert Gernhardt
Im Glück und anderswo
Gedichte
285 Seiten. Gebunden

Robert Gernhardt liegt die Welt zu Füßen, hier und anderswo, im Licht wie im Schatten. Des Menschen Glück als Liebender, als Reisender, als Speisender, faßt er in seine Verse, des Menschen Unglück, als Alternder, als nur noch Begehrender und Verzehrender, bannt er in seine Strophen. Stets ist er im Bilde und macht sich dichtend eins, singt der Gegenwart ein neues Lied, kommt schnell in Fahrt und weiß doch wie tief im Leid man fallen kann. Er nimmt die Welt beim Wort und auch manch andern Dichter, um bei aller Lust am Reimen, bei allem Witz inmitten seiner Zeilen, den nötigen Ernst nicht zu vergessen. Robert Gernhardt ist ein Dichter, der mit allen Formen der Poesie meisterhaft spielt. Ob Sonett oder Blues, Ballade oder Parodie – Gernhardt überrascht stets durch seine Virtuosität. Mit Reim und freien Rhythmen, in klassischen Tönen und modernen Dissonanzen läßt er das Dasein neu erklingen. Welch Glück, daß ihm dies so sehr glückt!

»Robert Gernhardt macht eigentlich nicht Lyrik,
sondern schieres Glück.«
Eva Menasse,
Frankfurter Allgemeine Zeitung

S. Fischer

Alles über den Künstler
Zum Werk von Robert Gernhardt
Herausgegeben von Lutz Hagestedt
Band 15769

Schon längst zählen die Bücher des Malers, Zeichners und Schriftstellers Robert Gernhardt zu den Klassikern der Gegenwart. Wie kaum ein anderer paart er in seinen Gedichten, Bildgeschichten, Parodien, Erzählungen und Zeichnungen ungeniert Witz und Tiefsinn. Autoren, Kritiker, Wissenschaftler geben jetzt einen Überblick über das umfangreiche und unvergleichliche Werk Robert Gernhardts. Eingehend wird seine Literatur interpretiert, sein Humor analysiert und sein Spiel mit der Tradition beleuchtet. Ein Buch für alle, die genau wissen wollen, warum Robert Gernhardts Bücher stets aufs Neue begeistern.

»Robert Gernhardt kann, was andere eben nicht
oder nicht mehr können: belehren und unterhalten
und beides auf höchstem Niveau.«
Ulrich Weinzierl, Die Welt

Fischer Taschenbuch Verlag

Reiner Kunze

auf eigene hoffnung
gedichte. 112 Seiten. Leinen.
S. Fischer und Band 5230

eines jeden einziges leben
gedichte. 126 Seiten. Leinen.
S. Fischer und Band 12516

ein tag auf dieser erde
gedichte. 116 Seiten. Leinen.
S. Fischer und Band 14933

gespräch mit der amsel
frühe gedichte.
216 Seiten. Leinen.
S. Fischer

sensible wege
und frühe gedichte.
Band 13271

zimmerlautstärke
gedichte.
Band 1934

gedichte
382 Seiten. Leinen.
S. Fischer

Am Sonnenhang
Tagebuch eines Jahres
Band 12918

Das weiße Gedicht
Essays. 190 Seiten. Leinen.
S. Fischer

Steine und Lieder
Namibische Notizen
und Fotos
112 Seiten. Vierfarbig. Leinen.
S. Fischer

Wo Freiheit ist ...
Gespräche und Interviews
1977 - 1993
240 Seiten. Leinen.
S. Fischer

Der Löwe Leopold
Fast ein Märchen,
fast Geschichten.
Band 80161

**Wohin der Schlaf sich
schlafen legt**
Gedichte für Kinder.
Mit neuen Bildern
von Karel Franta.
Band 80003

Fischer Taschenbuch Verlag

Dirk von Petersdorff
Wie es weitergeht
Gedichte
Band 2371

Diese Gedichte nehmen es mit allem auf. Dirk von Petersdorff spielt mit unseren, für die Lyrik angeblich so schlechten Zeiten ein souveränes, pointensicheres Spiel. Mit Ironie und Intelligenz verwandelt er die Schlagzeilen unserer Bewußtseinsindustrie, die Phrasen, Floskeln und Philosopheme, die Mythen und Trivialmythen, die Klischees und Klagen der Gegenwart in verblüffende Verse. »Kleist«, »Indiana Jones« und der »Teamchef« hat in diesen Poemen Platz, besungen wird »das Ende des Sozialismus« ebenso wie »der Ärger mit Susanne«, es geht um »Geschichtsphilosophie«, »Kirschbananensaft«, um »Entropie und Alltag«. Dirk von Petersdorff macht die individuelle wie gesellschaftliche Zersplitterung zu einem Thema mit immer neuen, schillernden Variationen. Es sind Gedichte, die Gehör und Gehirn gleichermaßen beschäftigen.

Fischer Taschenbuch Verlag

fi 1911 / 4

Ossip Mandelstam

Das Rauschen der Zeit
Gesammelte »autobiographische« Prosa der 20er Jahre
Herausgegeben und übersetzt von Ralph Dutli. Band 9183

Mitternacht in Moskau
Die Moskauer Hefte
Gedichte 1930 - 1934. Russisch und Deutsch
Herausgegeben und übersetzt von Ralph Dutli. Band 9184

Gedichte
Aus dem Russischen übertragen von Paul Celan
Band 5312

Über den Gesprächspartner
Gesammelte Essays I
1913 - 1924
Herausgegeben und übersetzt von Ralph Dutli
Band 11862

Gespräch über Dante
Gesammelte Essays II
1925 - 1935
Herausgegeben und übersetzt von Ralph Dutli
Band 11863

Tristia
Gedichte 1916 - 1925
Aus dem Russischen übertragen und
herausgegeben von Ralph Dutli
Band 11874

Fischer Taschenbuch Verlag

fi 1804 / 7